🌱 시 작 한 날 ....

🌱 마 친 날 ....

🌱 이름 · 세례명 ....

늘 저희와 함께하시는 주님,
주님과 함께하는 이 치유 여정을 축복해 주시어
이 여정 가운데 제가 희망을 잃지 않도록 해 주소서.
그리하여 제가 한 걸음 더 성장하여
당신을 온전히 닮은 참된 그리스도인으로
살아갈 수 있도록 이끌어 주소서.
아멘.

 **치유를 위한 기도**

비오 성인의 치유를 위한 기도

하늘에 계신 아버지,
당신의 사랑에 감사드립니다.
저를 자유롭게 해 주시고, 구원해 주시려고
당신의 아드님 우리 주 예수님을
보내 주셨음에도 감사드립니다.
당신은 저를 회복시켜 주시고
제가 굳건히 버티도록 지탱해 주십니다.
그러한 당신의 능력과 은총을 믿습니다.

사랑하는 아버지,
당신은 육체적으로도 정신적으로도
제가 건강해지도록 이끄십니다.
이것이 당신의 뜻임을 믿고 있사오니
치유의 손길로 저를 어루만져 주소서.
당신의 아드님이신 우리 주 예수님의 성혈로
제 머리끝부터 발바닥까지 적셔 주십시오.

제 안에 있어서는 안 되는 모든 것을 없애 주시고
건강을 해치는 안 좋은 것들을 뿌리 뽑아 주십시오.

막힌 혈관을 열어 주시고,
손상된 부위를 재생하고 복원해 주십시오.
예수님의 피로 모든 염증을 없애 주시고,
감염을 정화해 주십시오.

치유하는 사랑의 불꽃이
제 육신 전체를 태우고,
병든 부위를 치유하며 새롭게 하여
제 육신이 당신이 창조한 대로 움직이도록 해 주십시오.
제 마음과 감정, 심지어 제 영혼의 가장 깊은 곳까지
어루만져 주십시오.

제 존재 전체를
당신의 현존과 사랑, 기쁨과 평화로 가득 채우시고
매 순간 저를 당신에게 더욱 가까이 이끌어 주십시오.
아버지, 당신의 성령으로 저를 채우시고
제게 당신의 일을 할 힘을 주십시오.
그리하여 제 삶이 당신의 거룩한 이름에
영광과 기쁨이 되게 해 주십시오.
이를 주 예수 그리스도의 이름으로 비나이다.
아멘.

 치유를 위한 기도

요한 바오로 2세 교황의 병자를 위한 기도

전능하신 하느님,
저희는 당신을 믿습니다.
당신께서는 창조주이신 아버지로서 섭리의 하느님이시고,
구세주 예수 그리스도로서 희망의 하느님이시며,
위로자이신 성령으로서 사랑의 하느님이십니다.

저희는 당신께서 약속을 잊지 않으신다는 것을 믿으며
당신께 나아가기를, 당신 안에서 위안을 찾기를 바랍니다.
그러나 저희 뜻이 아니라 아버지의 뜻대로 이뤄지게 하소서.

주님,
당신께서 주신 모든 도움과 위로와 평안에 감사드립니다.
당신은 저희에게 약과 의료진을 보내 주셨고
저희가 치료받을 수 있는 환경을 주셨으며
저희를 위로하고 저희에게 위로받는 이들을 주셨고
저희를 이해하고 받아들여 주는 이들을 주셨습니다.
그밖에 다른 이들도 보내 주셔서 감사드립니다.

주님,
저희에게 인내와 평온함과 용기를 주소서.

당신에 대한 사랑으로
우리보다 더 고통받는 이들과,
삶의 의미를 깨닫지 못한 이들을 향하여
즐거이 봉사하게 하소서.

주님,
저희가 의미 있는 삶을 살게 해 주소서.
주님을 경외하는 이들을 위해서도,
주님을 경외하지 않는 사람들과
온 땅에 흩어져 있는 교회를 위해서도,
그리스도와 함께 찬양하고, 감사하고,
속죄하고, 간구하게 하소서.

주님,
"고난받는 종"으로 십자가에 달리신
그리스도의 무한한 공로와
우리와 함께하는 형제들을 통해 기도하오니
친구들과 은인들을 당신께서 살펴 주소서.

우리 주 예수 그리스도의 이름으로 비나이다.
아멘.

치유를 위한 기도

캐서린 스튜어트의 치유를 위한 기도

선하시고 자애로우신 하느님
저를 위해 기도해 주는 수많은 사람들에게
감사하고 경외하는 마음 가득합니다.
저는 기도의 힘을 믿으며
당신께서 이 기도를 듣고 계신다는 것을 압니다.
치유는 다양한 모습으로 옵니다.
치유는 제게 세상에서의 시간을 좀 더 허락할 수도 있고
관계를 회복하게 할 수도 있으며
누군가를 용서하는 능력으로 올지도 모릅니다.
저는 당신이 선택하신 치유의 방식을 받아들입니다.
저는 당신이 저를 사랑하신다는 것을 믿습니다.
그러므로 지금 이 순간 제게 가장 좋은 것이
무엇인지도 아신다고 믿습니다.
제가 당신을 더 깊이 신뢰할 수 있게 해 주시고,
모든 형태의 치유에 제 마음을 열 수 있게 도와주소서.
아멘.

―《성모님과 암을 이겨 내기》 중에서

병자를 위한 기도

○ 전능하시고 영원하신 하느님 아버지,
　아버지께서는 앓는 사람에게 강복하시고
　갖가지 은혜로 지켜 주시니
　주님께 애원하는 저희 기도를 들으시어
　(아무)의 병을 낫게 하시며
　건강을 도로 주소서.
● 주님의 손으로 일으켜 주시고
　주님의 팔로 감싸 주시며
　주님의 힘으로 굳세게 하시어
　더욱 힘차게 살아가게 하소서.
◎ 아멘.

《치유 기도 노트》 시작하기

> 예수님께 치유받고, 그분의 마음에 다가가기 위해서는 치유가 필요하다는 것을 인정하고, 그분을 믿어야 합니다. 이것이 바로 치유받고, 그분의 마음에 다가가기 위한 두 가지 필수 조건입니다.
> — 프란치스코 교황

······

하느님과 함께 걷는 치유 여정, 《치유 기도 노트》

살다 보면 육신의 질병이나 마음의 상처로 치유가 간절할 때가 있습니다. 그럴 때면 완치가 되지 않을지도 모른다는 불안과 두려움이 함께 드는 것도 사실입니다. 그런데 때로는 이러한 불안과 두려움이 치유의 여정에 방해가 되곤 합니다. 우리가 부정적인 감정을 가질 때 우리 몸은 온전히 치유력을 발휘하지 못하기 때문입니다. 그러나 하느님께서 언제나 우리와 함께하고 계십니다. 불안하고 두려울 때마다 우리는 이를 기억해야 합니다. 그렇게 한다면 치유의 여정이 힘들고 어려운 과정이라기보다 믿음을 돈독히 할 수 있는 좋은 기회가 될 수 있습니다. 하느님께 모든 희망을 두면서 말씀을 통해 믿음을 키우고 기도로 자신을 주님께 온전히 맡길 때 불안이나 두려움 없이 치유의 힘든 여정을 이겨 낼 수 있습니다. 이 책은 이러한 과정을 통해 하느님의 사랑을 깨닫고 믿음 안에서 건강한 삶을 살아가도록 도와줍니다.

**나의 삶을 돌아보며
한 걸음 더 나아가게 해 주는 이정표**

흔히 어떤 병을 진단받았을 때, 많은 이들은 자신에게 수많은 질문을 하게 됩니다. "도대체 왜?", "왜 나에게 이런 시련이 닥친 걸까?" 하지만 지금 내가 겪고 있는 이 아픔은 그 누구도 예상치 못했던 일입니다. 처음 겪는 일이기에 모든 게 두렵고 혼란스럽습니다. 그러기에 나을 수 있다는 확신을 바탕으로, 내가 걸어갈 치유 여정을 온전히 하느님께 맡기고, 그분을 신뢰하는 마음이 필요합니다. 이 노트는 두렵고 혼란스러운 '나'의 마음을 들여다보며, 그동안의 나의 삶을 돌아보고 한 걸음 더 앞으로 나아갈 수 있도록 인도합니다.

**《치유 기도 노트》와 함께
은총이 충만한 100일을 만들어 보세요!**

《치유 기도 노트》는 100일 동안 작성하는 노트입니다. 주님과 함께하는 100일을 통해 그분을 신뢰하는 마음을 키워 보세요. 믿음이 있다면 우리는 어떤 어려움도 이겨 내고 치유될 수 있습니다. 어쩌면 100일간 매일매일 성실하게 이 노트를 작성하지 못할 수도 있습니다. 그렇다고 해도 계속 이어서 하려는 마음이 있다면 주님께서는 그 마음을 예쁘게 봐 주실 것입니다. 이 노트를 통해 제시된 질문에 답하며, 기도와 묵상을 통해 하느님과 하나 되는 시간을 가지고, 나의 몸과 마음을 건강하게 하는 생활 습관을 실천한다면 주님께서는 앞으로 걸어갈 이 여정에 용기를 북돋워 줄 것입니다.

    이 노트에는 치유를 청하는 이들뿐만 아니라 나를 사랑하는 이들도 함께 쓸 수 있는 공간이 마련되어 있습니다. 그들과 함께 노트를 작성하면 사랑하는 이들에 대한 감사한 마음을 다시 한번 느낄 수 있습니다. 그리고 이 노트는 육체적인 질병뿐만 아니라 마음속에 있는 상처도 치유받을 수 있도록 구성되어 있습니다. 예수님께서는 육체적인 질병뿐만 아니라 마음속에 있는 상처까지 치유해 주시는 분이시기 때문입니다. 어떤 어려움이든지 주님께 도움을 청하고 싶다면 이 노트를 작성해 보세요. 주님께서는 그 마음을 아름답게 해 주실 것입니다.

    예수님께서는 치유를 청하는 이에게 "네 믿음이 너를 구원하였다."(마태 9,22)라고 말씀하셨습니다. 나에게 닥친 일이 두렵고 혼란스럽지만, 하느님께 모든 것을 내어 맡기는 마음을 담아 《치유 기도 노트》를 작성하다 보면, 주님께서 나에게 전하려 하셨던 것이 무엇인지 깨닫고 주님을 믿는 마음이 한층 강해질 것입니다. 또한 내 믿음이 진정으로 나를 구한다는 것을 알아차릴 수 있을 것입니다.

일러두기

1. 우리 곁에 현존하시는 주님께 기도를 드리는 마음으로 정성들여 노트를 작성합니다.
2. 모든 것을 주님께 맡기고 편안한 마음으로 노트를 작성합니다.
3. 매일 일정한 시간을 정해 놓고 성실하게 노트를 작성하는 것이 좋습니다.
4. 자신의 몸과 마음을 깊게 살피면서 노트를 작성하도록 합니다. 두렵거나 불안할 때는 그러한 감정이 가시도록 작성을 멈춘 다음 잠시 주님께 기도하는 시간을 가집니다.
5. 가능하면 물에 번지지 않는 필기도구를 사용하여 노트를 작성하기 바랍니다.
6. 10일차마다 한 번씩 건강한 생활 습관을 체크하고 오늘 기뻤던 일을 적는 곳이 있습니다. 잊지 말고 이 페이지도 매일 작성해 보기 바랍니다.
7. 이 책의 마지막 부분에 있는 부록은 언제라도 시간이 될 때 작성할 수 있습니다. 한번에 다 하려고 하지 말고 틈틈이 자신에게 질문하면서 이를 작성해 보기 바랍니다.
8. 이 노트가 기적적인 치유를 가져오지는 않을 것입니다. 그러나 주님을 믿으며 그분께 한걸음 다가가다 보면 자신에게 닥친 어려움이 한결 가볍게 느껴지며, 이러한 어려움을 견뎌 낼 힘을 얻을 수 있을 것입니다.

주님을 신뢰하시기 바랍니다.
주님께는 희망이 있습니다.
주님께 희망을 두면 부정적인 생각이 다가오지 못합니다.
기쁨만이 우리 곁에 남습니다.

긍정적인 마음을 갖도록 하는 생활 습관

1. **주변 환경을 기분 좋게 만들기**
   - 햇빛이 잘 들고 녹색 식물이 있는 곳에서 머물 수 있도록 한다.
   - 건강한 모습이 담긴 사진을 주위에 놓아둔다.

2. **인생의 목표를 구체적으로 정하기**
   - 자신이 진정으로 바라는 일을 찾는다.
   - 앞으로 하고 싶은 일의 목록을 만든다.

3. **자주 웃기**
   - 매일 10분은 의식적으로 웃도록 한다.
   - 사랑하는 사람들과 행복한 기억을 떠올려 본다.

4. **자신의 소망을 글쓰기**
   - 매일 자신의 마음을 글로 표현하기
   - 감사하는 마음을 담은 글을 써 보기

5. **좋아하는 사람들과 만나기**
   - 자신의 감정을 진솔하게 표현할 수 있는 사람들과 대화한다.
   - 매일 기도를 통해 하느님과 만난다.

6. **긍정적인 대화를 하기**
   - 매일 '사랑', '감사', '할 수 있다'가 포함된 기도를 하도록 한다.
   - 부정적인 말을 사용하지 말고 최대한 긍정적으로 표현한다.

7. **삶의 기쁨을 찾아 줄 취미 찾기**
   - 무료한 시간을 줄인다.
   - 마음을 즐겁게 해 줄 것을 찾는다.

건강한 생활 습관을 실천해 봅시다.

체크 리스트

1	긍정적인 말은 힘을 북돋아 줍니다. ("나는 반드시 치유될 것이다." 하고 소리 내어 말하기)
2	내가 먹는 음식이 나의 몸을 만듭니다. (균형 잡힌 식단으로 식사하기)
3	사람도 광합성이 필요합니다. (햇빛을 받으며 30분 산책하기)
4	몸과 마음을 편하게 하는 시간을 가져 보세요. (따뜻한 물로 샤워하기)
5	잠은 건강과 행복에 중요한 역할을 합니다. (규직적인 수면 시간 지키기)
6	웃음은 행복으로 향하는 지름길입니다. (크게 소리 내어 웃어 보기)
7	인간은 사회적인 동물입니다. (주변 사람들과 가벼운 대화하기)

🌱 오늘 있었던 일 중 기뻤던 일을 적어 보세요.

1일차
....
2일차
....
3일차
....
4일차
....
5일차
....

1일차	2일차	3일차	4일차	5일차	6일차	7일차	8일차	9일차	10일차
☐	☐	☐	☐	☐	☐	☐	☐	☐	☐
☐	☐	☐	☐	☐	☐	☐	☐	☐	☐
☐	☐	☐	☐	☐	☐	☐	☐	☐	☐
☐	☐	☐	☐	☐	☐	☐	☐	☐	☐
☐	☐	☐	☐	☐	☐	☐	☐	☐	☐
☐	☐	☐	☐	☐	☐	☐	☐	☐	☐
☐	☐	☐	☐	☐	☐	☐	☐	☐	☐

🌱 기록이 쌓일수록 점점 더 건강해지는 나 자신을 그려 볼 수 있습니다.

6일차
....

7일차
....

8일차
....

9일차
....

10일차
....

1일차

> 곤경 속에서 그들이 야훼께 부르짖을 때,
> 당신은 그 고생을 면하여 주셨도다.
> 그 말씀을 보내시어, 그들 낫게 하시고,
> 죽음에서 그들을 건지셨도다. 《시편과 아가》, 시편 107,19-20)

묵상하기

오늘은 치유가 필요한 부위에 손을 얹어 보세요. 그리고 그곳에 따뜻한 힘이 불어넣어진다고 상상하며, "나는 치유될 수 있다."고 이야기해 보세요.

하느님께 말씀드리기

오늘 내 감정은 어떤가요? 내 마음의 소리를 가만히 잘 들어 보고, 하느님께 나 자신을 온전히 내어 맡깁시다.

....
....
....
....
....
....
....

영감 얻기

주님, 이 일이 당신께서 좋다고 여기시는 그대로 그리고 당신의 뜻대로 이루어지게 하소서. 당신께서 원하시는 그것을, 뜻에 맞는 그 정도로, 뜻에 맞는 그때에 주소서. 당신께서 가장 잘 아시는 대로, 당신의 뜻에 맞고 당신 영광에 더 도움이 되는 그대로 제가 행하도록 하소서.

─《준주성범》 중에서

감사 기도하기

나의 치유 과정에 함께해 주시는 주님께 감사 기도 드리는 시간을 가집시다.

．．．

아멘.

2일차

예수님께서 돌아서시어 그 여자를 보시며 이르셨다.
"딸아, 용기를 내어라. 네 믿음이 너를 구원하였다."
바로 그때에 그 부인은 구원을 받았다. (마태 9,22)

◦ 묵상하기

오늘은 조용한 공간에 앉아 잠시 눈을 감고 자신의 호흡에 집중해 보세요. 숨을 내쉴 때는 편안함을 느낀다고 생각하고, 숨을 들이쉴 때는 기분 좋은 하느님의 사랑이 나를 꽉 채운다고 느껴 보세요.

◦ 하느님께 말씀드리기

오늘 내 감정은 어떤가요? 내 마음의 소리를 가만히 잘 들어 보고, 하느님께 나 자신을 온전히 내어 맡깁시다.

영감 얻기

믿음은 두려움과 유혹 앞에 마치 모래성처럼 무너져 내리기도 합니다. 그러나 아무리 불가능해 보이는 것도 굳은 믿음을 지니고 그분을 바라볼 때에는 가능합니다. 예수님과 함께 수많은 두려움과 유혹을 이겨 낼 굳은 믿음을 지녔다면 어떠한 거센 물살 위도 건너갈 수 있을 것입니다.

— 《가시를 빼내시는 성모님》 중에서

감사 기도하기

나의 치유 과정에 함께해 주시는 주님께 감사 기도 드리는 시간을 가집시다.

....
....
....
....
....
....
....
....

아멘.

3일차

참으로 내가 너에게 건강을 되돌려 주고 너의 상처를 고쳐 주리라. 주님의 말씀이다. 비록 그들이 너를 두고 "시온은 버림받은 여자, 아무도 찾지 않는 여자"라 부르더라도 그렇게 하리라. (예레 30,17)

묵상하기

오늘은 충분히 만족할 때까지 "이미 이루어졌다, 이미 이루어졌다."고 반복해서 기도해 보세요.

하느님께 말씀드리기

오늘 내 감정은 어떤가요? 내 마음의 소리를 가만히 잘 들어 보고, 하느님께 나 자신을 온전히 내어 맡깁시다.

⦂ 영감 얻기

용기가 지나간 자리에는 희망의 꽃이 핍니다. 저의 상처로 인해 제가 타인에게 적의를 품거나 냉소적이 되지 않도록 지켜 주소서. 또 저의 상처뿐만 아니라 주변 사람들의 상처를 살피며 서로의 상처를 나눌 때를 아는 지혜를 주시어 우리 모두가 서로에게 희망의 등불이 되도록 이끌어 주소서.
―《성모님과 암을 이겨 내기》중에서

⦂ 감사 기도하기

나의 치유 과정에 함께해 주시는 주님께 감사 기도 드리는 시간을 가집시다.

아멘.

4일차

나 너와 함께 있으니 두려워하지 마라.
내가 너의 하느님이니 겁내지 마라.
내가 너의 힘을 북돋우고 너를 도와주리라.
내 의로운 오른팔로 너를 붙들어 주리라. (이사 41,10)

묵상하기

오늘은 마음속을 가득 채운 두려움과 불안감을 모두 멀리 던져 버린다고 상상해 보세요. 그리고 지금 자신과 같은 병마에서 벗어난 사람들이 있음을 명심합니다.

하느님께 말씀드리기

오늘 내 감정은 어떤가요? 내 마음의 소리를 가만히 잘 들어 보고, 하느님께 나 자신을 온전히 내어 맡깁시다.

영감 얻기

예수님은 아픈 사람을 고쳐 주시고, 고통받는 사람들을 위로해 주신다. 그분은 강력한 눈길로 우리를 응시하시다가 부드럽게 미소 지으신다. 그리고 아주 부드럽고 다정하게 말씀하신다. "사랑하는 친구여, 당신을 위해 내가 왔다오!"

―《묵주 기도》 중에서

감사 기도하기

나의 치유 과정에 함께해 주시는 주님께 감사 기도 드리는 시간을 가집시다.

아멘.

5일차

여러분의 그 확신을 버리지 마십시오.
그것은 큰 상을 가져다줍니다.
여러분이 하느님의 뜻을 이루어
약속된 것을 얻으려면 인내가 필요합니다. (히브 10,35-36)

묵상하기

오늘은 병마와 싸우는 이미지를 떠올려 보세요. 온몸의 긴장을 풀고 주님께서 혈관 속의 나쁜 것들을 깨끗이 청소해 주시는 모습을 상상해 보세요.

하느님께 말씀드리기

오늘 내 감정은 어떤가요? 내 마음의 소리를 가만히 잘 들어 보고, 하느님께 나 자신을 온전히 내어 맡깁시다.

영감 얻기

아주 캄캄한 순간, 저는 스스로에게 이렇게 물음을 던졌습니다. "하느님, 당신은 어디 계십니까?" 제가 하느님을 찾는 가운데 늘 깨달은 것은, 오히려 그분께서 저를 먼저 찾고 계셨다는 것입니다. 그분께서는 언제나 먼저 오셔서 우리를 기다리고 계십니다.

―《GOD is Young》중에서

감사 기도하기

나의 치유 과정에 함께해 주시는 주님께 감사 기도 드리는 시간을 가집시다.

....
....
....
....
....
....
....
....

아멘.

6일차

저는 당신의 이름을 끊임없이 찬미하고 감사의 노래를 읊었습니다.
그러자 제 기도를 들어 주셨습니다.
과연 당신께서는 저를 멸망에서 구원하셨고
곤경의 날에 저를 건져 주셨습니다. (집회 51,11-12)

묵상하기

오늘은 마음속에 응어리진 상처가 무엇인지 묵상해 보세요. 그리고 그 상처가 낫고 있다고 믿으며, 그러한 상처를 준 이들을 용서한다고 되뇌어 봅니다.

하느님께 말씀드리기

오늘 내 감정은 어떤가요? 내 마음의 소리를 가만히 잘 들어 보고, 하느님께 나 자신을 온전히 내어 맡깁시다.

Date   /   /

◦ 영감 얻기

나는 삶의 희망을 잃고 절망적이었을 때조차 하느님께서 언제나 나와 함께하고 계심을 알게 되었다. 하느님께서는 과거와 현재에도 매 순간 함께하신다. 그리고 그분과의 관계가 결코 끊어질 수 없는 아주 자연스러운 것임을 알려 주신다. 바로 그럴 때 주님의 따뜻함과 지혜, 현존을 아주 가깝게 느낄 수 있다.
―《로버트 윅스의 영적 성장》 중에서

◦ 감사 기도하기

나의 치유 과정에 함께해 주시는 주님께 감사 기도 드리는 시간을 가집시다.

....
....
....
....
....
....
....
아멘.

7일차

> 그들을 낫게 해 준 것은 약초나 연고가 아닙니다.
> 주님, 그것은 모든 사람을 고쳐 주는 당신의 말씀입니다.
>
> (지혜 16,12)

◦ 묵상하기

오늘은 주님께서 내 몸을 완치해 주시어, 의사가 "이건 기적입니다!" 하고 놀라는 모습을 상상해 보세요. 어떤 기분이 느껴지는지 내 마음에 집중해 봅시다.

◦ 하느님께 말씀드리기

오늘 내 감정은 어떤가요? 내 마음의 소리를 가만히 잘 들어 보고, 하느님께 나 자신을 온전히 내어 맡깁시다.

영감 얻기

천사들과 친해지도록 노력하십시오. 천사들이 눈에는 보이지 않지만 언제나 그대 곁에 있음을 잊지 마십시오. 특히 그대의 교구와 본당, 가정은 물론 그대 자신의 수호천사를 사랑하고 공경하십시오. 자주 그들과 교류하는 가운데 함께 하느님을 찬미하고, 그대의 영적인 일이나 현세적인 일을 모두 도와주시기를 청해야 합니다.
―《신심 생활 입문》중에서

감사 기도하기

나의 치유 과정에 함께해 주시는 주님께 감사 기도 드리는 시간을 가집시다.

아멘.

8일차

> 내 손이 너무 짧아 구해 낼 수가 없다는 말이냐?
> 아니면 내가 힘이 없어 구원할 수가 없다는 말이냐?
> 보라, 나는 호령 한마디로 바다를 말리고 강들을 광야로 만든다.
> (이사 50,2)

◦ 묵상하기

오늘은 아름다운 풍경이 담긴 사진이나 그림을 보면서 주님과 함께 그곳에서 건강하게 뛰어다니는 자신을 상상해 보세요.

◦ 하느님께 말씀드리기

오늘 내 감정은 어떤가요? 내 마음의 소리를 가만히 잘 들어 보고, 하느님께 나 자신을 온전히 내어 맡깁시다.

....

....

....

....

....

....

....

....

영감 얻기

하느님은 은총을 베푸실 때에 우리에게 직접 주십니다. 우리가 문을 두드릴 때에 언제나 기꺼이 문을 여시고, 반갑게 맞아 끌어안으십니다.

─《프란치스코 교황이 초대하는 이달의 묵상: 기도》중에서

감사 기도하기

나의 치유 과정에 함께해 주시는 주님께 감사 기도 드리는 시간을 가집시다.

아멘.

9일차

당신은 오히려 미천한 이들의 하느님,
비천한 이들의 구조자, 약한 이들의 보호자,
버림받은 이들의 옹호자, 희망 없는 이들의 구원자이십니다.

(유딧 9,11)

- **묵상하기**

오늘은 성령께서 우리 몸의 균형을 잡아 주시고 몸속으로 들어와서 고통을 모두 가져가 주시는 모습을 상상해 보세요.

- **하느님께 말씀드리기**

오늘 내 감정은 어떤가요? 내 마음의 소리를 가만히 잘 들어 보고, 하느님께 나 자신을 온전히 내어 맡깁시다.

....
....
....
....
....
....
....
....

영감 얻기

희망은 믿음 안에서 자라납니다. 하느님은 믿음으로 우리를 비추시어 당신이 하신 약속과 당신의 호의를 알게 하십니다. 또한 당신을 모시고 살겠다는 열망을 희망으로 일으켜 세우십니다. 성모님은 매우 드높은 믿음의 덕을 지니고 계셨기에, 또한 그토록 드높은 희망을 지니고 계셨습니다.
—《기쁨이 가득한 매일 성모님 묵상》중에서

감사 기도하기

나의 치유 과정에 함께해 주시는 주님께 감사 기도 드리는 시간을 가집시다.

....
....
....
....
....
....
....
....

아멘.

10일차

> 그분께서는 피곤한 이에게 힘을 주시고
> 기운이 없는 이에게 기력을 북돋아 주신다.(이사 40,29)

묵상하기

오늘은 우리 주변의 꽃과 나비, 따뜻한 햇살과 바람처럼 자연환경을 떠올려 보세요. 그리고 주님께서는 우리를 조화롭고 아름답게 창조하셨음을 묵상합니다.

하느님께 말씀드리기

오늘 내 감정은 어떤가요? 내 마음의 소리를 가만히 잘 들어 보고, 하느님께 나 자신을 온전히 내어 맡깁시다.

영감 얻기

주님, 당신 대전에서 총애받기를 간절히 청하오니, 본성이 원하는 그 모든 것을 하나도 얻지 못한다 하더라도, 당신 '은총을 넉넉히 받았습니다.'라고 할 수 있으면 됩니다. 당신 은총만 제게 있으면, 시련을 겪고 곤란으로 괴로워도 두렵지 않습니다.

―《준주성범》중에서

감사 기도하기

나의 치유 과정에 함께해 주시는 주님께 감사 기도 드리는 시간을 가집시다.

....
....
....
....
....
....
....
....

아멘.

두려움, 분노, 걱정, 의심, 불만 등 부정적인 감정은
우리가 회복하는 데 방해가 됩니다.
그러한 감정을 모두 하느님께 맡겨 드리세요.
주님은 우리에게 좋은 것만 주고자 하십니다.
주님이 주시는 좋은 생각만 받아들이세요.
그것이 우리에게 희망찬 미래를 가지고 올 것입니다.

자신의 감정 바라보기

- 조용한 장소에서 기도하는 자세로 눈을 감습니다. 천천히 숨을 쉬면서 자신의 호흡에 집중해 보세요.
- 자신의 온몸을 상상하고 머리끝부터 발끝까지 긴장을 푼다고 생각해 보세요. 온몸이 따뜻하고 기분 좋게 축 늘어지는 모습을 상상합니다. 속으로 "편안하다"고 되뇌어 봅니다.
- 자신의 감정을 담담하게 살펴봅니다. 마치 관찰자가 되어 지켜보는 것처럼 내 마음의 움직임을 살펴보세요.
- 그러한 감정이 자신에게 도움이 되는 것인지 생각해 봅니다. 어떤 감정이든 자연스러운 것입니다. 내 감정을 관찰자처럼 한 걸음 물러나서 관찰합니다.
- 어떤 감정이 들었든 그러한 감정이 들었음을 인정하고 그것을 하느님께 봉헌합니다. 주님께서는 그 감정을 어느 정도 가져가셨을 것입니다.
- 나의 불완전한 모습까지 사랑하시는 하느님의 눈길을 느껴 보세요. 주님께서 우리를 안아 주시는 모습을 상상합니다.
- 평화와 행복을 주신 주님께 감사를 드립니다.
- 주님의 포근함을 충분히 느낀 후 일상으로 돌아옵니다.

건강한 생활 습관을 실천해 봅시다.

체크 리스트

1	긍정적인 말은 힘을 북돋아 줍니다. ("나는 반드시 치유될 것이다." 하고 소리 내어 말하기)
2	내가 먹는 음식이 나의 몸을 만듭니다. (균형 잡힌 식단으로 식사하기)
3	사람도 광합성이 필요합니다. (햇빛을 받으며 30분 산책하기)
4	몸과 마음을 편하게 하는 시간을 가져 보세요. (따뜻한 물로 샤워하기)
5	잠은 건강과 행복에 중요한 역할을 합니다. (규칙적인 수면 시간 지키기)
6	웃음은 행복으로 향하는 지름길입니다. (크게 소리 내어 웃어 보기)
7	인간은 사회적인 동물입니다. (주변 사람들과 가벼운 대화하기)

🌱 오늘 있었던 일 중 기뻤던 일을 적어 보세요.

11일차

12일차

13일차

14일차

15일차

11일차	12일차	13일차	14일차	15일차	16일차	17일차	18일차	19일차	20일차
☐	☐	☐	☐	☐	☐	☐	☐	☐	☐
☐	☐	☐	☐	☐	☐	☐	☐	☐	☐
☐	☐	☐	☐	☐	☐	☐	☐	☐	☐
☐	☐	☐	☐	☐	☐	☐	☐	☐	☐
☐	☐	☐	☐	☐	☐	☐	☐	☐	☐
☐	☐	☐	☐	☐	☐	☐	☐	☐	☐
☐	☐	☐	☐	☐	☐	☐	☐	☐	☐

🌱 기록이 쌓일수록 점점 더 건강해지는 나 자신을 그려 볼 수 있습니다.

16일차
....
17일차
....
18일차
....
19일차
....
20일차
....

11일차

> 나는 이 병에서 회복되리라는 큰 희망을 가지고 있기 때문에,
> 나의 처지에 절망하지 않습니다. (2마카 9,22)

자신의 감정 찾기

오늘은 편안한 자세로 자신의 마음의 움직임을 살펴보세요. 가장 먼저 떠오르는 감정은 무엇인지 주님께 말씀드려 봅시다.

하느님께 말씀드리기

오늘 내 감정은 어떤가요? 내 마음의 소리를 가만히 잘 들어 보고, 하느님께 나 자신을 온전히 내어 맡깁시다.

Date   /   /

영감 얻기

우리 각자 모두 양심을 성찰하며 자신에게 물어봅시다. "나의 신앙은 어떠한가? 내 신앙은 기쁨인가? 하느님의 놀라우심에 열려 있는가? 하느님은 경이의 하느님이신데! 아울러 나는 내 영혼 속에서 하느님의 현존이 주는 놀라움과 감사함을 맛보았는가?" 하고 말입니다.

—《오늘처럼 하느님이 필요한 날은 없었다》 중에서

감사 기도하기

나의 치유 과정에 함께해 주시는 주님께 감사 기도 드리는 시간을 가집시다.

....
....
....
....
....
....
....
아멘.

12일차

나의 하느님께서는 그리스도 예수님 안에서
영광스럽게 베푸시는 당신의 그 풍요로움으로,
여러분에게 필요한 모든 것을 채워 주실 것입니다. (필리 4,19)

⦁ 자신의 감정 찾기

들으려 해야 들립니다. 핸드폰을 놓고 하늘을 바라보세요. 마음이 하는 소리를 들으세요. 뭔가를 하려 하지 말고 마음이 뭐라고 하는지 들어 보세요.

⦁ 하느님께 말씀드리기

오늘 내 감정은 어떤가요? 내 마음의 소리를 가만히 잘 들어 보고, 하느님께 나 자신을 온전히 내어 맡깁시다.

영감 얻기

너는 마음을 다하여 하느님께로 향하고 이 가련한 세상을 끊어라. 그러면 네 영혼이 고요할 것이다. 바깥 사물을 가벼이 보고 내면의 일에 주의를 기울여 공부를 하라. 그러면 하느님의 나라가 네 안에 이르는 것을 보리라.

―《준주성범》 중에서

감사 기도하기

나의 치유 과정에 함께해 주시는 주님께 감사 기도 드리는 시간을 가집시다.

아멘.

13일차

주님의 눈은 당신을 사랑하는 이들 위에 머무시니
그들에게 든든한 방패요 힘 있는 버팀목이시며
열풍을 막아 주는 쉼터요 한낮의 뙤약볕을 가려 주는 그늘이시다.
또 비틀거리지 않게 지켜 주시고 넘어지지 않게 붙잡아 주신다.

(집회 34,19)

○ 자신의 감정 찾기

자신의 감정에는 정답이 없습니다. 걱정이 드는 것도 당연한 일입니다. 화가 나는 것도 마찬가지입니다. 자신의 감정이 잘못되었다는 생각을 하지 말고 그대로 하느님께 말씀드려 보세요.

○ 하느님께 말씀드리기

오늘 내 감정은 어떤가요? 내 마음의 소리를 가만히 잘 들어 보고, 하느님께 나 자신을 온전히 내어 맡깁시다.

영감 얻기

영혼이 불안에 직면할 때 이렇게 제안해 보자. "네 인생의 집에 찾아들어가 스스로를 살펴봐. 너의 좋은 점은 무엇이고, 좋지 않은 점은 뭘까? 네 삶을 방해하는 힘은 무엇이고, 널 건강하게 하는 것은 뭘까? 자신을 살펴볼 수 있도록 널 위한 시간을 가져. 네 자신에게 주의를 기울여 봐." 이렇게 자신 안에서 살다 보면 다음 단계인 하느님 안에서 살게 된다.

―《하느님도 쉬셨습니다》 중에서

감사 기도하기

나의 치유 과정에 함께해 주시는 주님께 감사 기도 드리는 시간을 가집시다.

아멘.

14일차

여인이 제 젖먹이를 잊을 수 있느냐?
제 몸에서 난 아기를 가엾이 여기지 않을 수 있느냐?
설령 여인들은 잊는다 하더라도 나는 너를 잊지 않는다.(이사 49,15)

자신의 감정 찾기

오늘은 가족에 대한 감정을 살펴보세요. 가족들에 대해 어떤 마음이 드는지 하느님께 말씀드려 봅시다.

하느님께 말씀드리기

오늘 내 감정은 어떤가요? 내 마음의 소리를 가만히 잘 들어 보고, 하느님께 나 자신을 온전히 내어 맡깁시다.

영감 얻기

네 안에 마땅한 자리를 준비해 놓으면 그리스도께서 너를 위로해 주시면서 네게 오시리라.
—《준주성범》 중에서

감사 기도하기

나의 치유 과정에 함께해 주시는 주님께 감사 기도 드리는 시간을 가집시다.

....
....
....
....
....
....
....
....
....
....

아멘.

15일차

> 보호자, 곧 아버지께서 내 이름으로 보내실 성령께서
> 너희에게 모든 것을 가르치시고
> 내가 너희에게 말한 모든 것을 기억하게 해 주실 것이다.
> 나는 너희에게 평화를 남기고 간다. 내 평화를 너희에게 준다.
>
> (요한 14,26-27)

자신의 감정 찾기

오늘은 자기 자신과 솔직하게 대화를 해 봅시다. 그리고 자신의 가슴에 손을 얹고 이렇게 말을 해 주세요. "그래, 그랬구나."

하느님께 말씀드리기

오늘 내 감정은 어떤가요? 내 마음의 소리를 가만히 잘 들어 보고, 하느님께 나 자신을 온전히 내어 맡깁시다.

....
....
....
....
....
....
....

Date   /   /

영감 얻기

네가 끊임없이 행실에 충실하면, 하느님은 의심 없이, 성실히, 또 후하게 네게 갚으실 것이다.
―《준주성범》중에서

감사 기도하기

나의 치유 과정에 함께해 주시는 주님께 감사 기도 드리는 시간을 가집시다.

....
....
....
....
....
....
....
....
....
....
....
아멘.

16일차

주님께서 친히 네 앞에 서서 가시고, 너와 함께 계시며,
너를 버려두지도 저버리지도 않으실 것이니,
너는 두려워해서도 낙심해서도 안 된다. (신명 31,8)

⁞ 자신의 감정 찾기

오늘은 시간이 빠르게 흘렀나요? 아니면 느리게 흘렀나요? 힘들 때에는 시간이 느리게 가는 것처럼 느껴집니다. 그러니 '언제 이렇게 시간이 흘러갔지?' 하고 생각이 드는 일들을 떠올려 보세요.

⁞ 하느님께 말씀드리기

오늘 내 감정은 어떤가요? 내 마음의 소리를 가만히 잘 들어 보고, 하느님께 나 자신을 온전히 내어 맡깁시다.

....
....
....
....
....
....
....
....

영감 얻기

자기 앞에 많은 문이 열려 있는 경우에 그중 하나를 선택하기란 쉽지 않습니다. 그러나 그곳을 통과하여 자신의 길을 계속 걸어가기 위해서는 하나의 문을 선택해야 합니다.
많은 사람들이 잘못된 문을 고르는 건 아닌지 염려합니다. 이때 그러한 염려가 하느님을 신뢰하는 계기가 되어야 합니다.
─《결정이 두려운 나에게》중에서

감사 기도하기

나의 치유 과정에 함께해 주시는 주님께 감사 기도 드리는 시간을 가집시다.

....
....
....
....
....
....
....
....

아멘.

17일차

야훼 내 하느님, 당신께 부르짖었삽더니,
이 몸을 낫우어 주시었나이다.

《시편과 아가》, 시편 30,3

◦ 자신의 감정 찾기

오늘은 자신이 좋아하는 것들을 떠올려 보세요. 좋아한다는 느낌이 어떤 것인지 주님께 말씀드려 봅니다.

◦ 하느님께 말씀드리기

오늘 내 감정은 어떤가요? 내 마음의 소리를 가만히 잘 들어 보고, 하느님께 나 자신을 온전히 내어 맡깁시다.

영감 얻기

너는 너 자신을 신뢰하지 말고 하느님만을 신뢰하여라. 또한 네가 할 수 있는 것만 해라. 그러면 하느님께서 너의 좋은 지향을 헤아리시고 도우실 것이다. 너는 네 지식도 믿지 말고 어떠한 현세의 기술도 믿지 말고, 오직 하느님의 은총에만 의지해야 한다.
—《준주성범》 중에서

감사 기도하기

나의 치유 과정에 함께해 주시는 주님께 감사 기도 드리는 시간을 가집시다.

....
....
....
....
....
....
....
....

아멘.

18일차

내 영혼아 야훼님 찬양하라, 당신의 온갖 은혜 하나도 잊지 말라.
내 모든 죄악을 용서하시고, 네 모든 아픔을 낫게 하시니
죽음에서 네 생명 구하여 내시고,
은총과 자비로 관을 씌워 주시는 분《시편과 아가》, 시편 103,2-4)

자신의 감정 찾기

오늘은 자신의 감정에게 말을 건네 보세요. 그리고 어떤 감정이 올라오든지 이렇게 반복해서 말해 줍시다. "괜찮아. 지금 딱 좋아. 지금처럼만 하면 돼. 더 이상 열심히 하려 하지 않아도 돼."

하느님께 말씀드리기

오늘 내 감정은 어떤가요? 내 마음의 소리를 가만히 잘 들어 보고, 하느님께 나 자신을 온전히 내어 맡깁시다.

영감 얻기

확신을 가지고 곧바로 나아가십시오. 이 세상에 자신과 하느님만이 있다고 생각하십시오. 그 어떠한 것도 그대를 불안하게 괴롭힐 수 없습니다. 하느님께서 원하실 때에 원하시는 만큼 시련을 주실 수는 있습니다. 오직 하느님과 자신만을 바라보십시오. 지극히 선하신 하느님의 호의를 보지 못하면, 결코 하느님을 보지 못할 것입니다.

—《가시 속의 장미》중에서

감사 기도하기

나의 치유 과정에 함께해 주시는 주님께 감사 기도 드리는 시간을 가집시다.

아멘.

19일차

> 아, 주님! 당신 이름을 기꺼이 경외하는 당신 종의 기도와
> 당신 종들의 기도에 제발 귀를 기울여 주십시오.
> 당신의 이 종이 오늘 뜻을 이루게 해 주시고,
> 저 사람 앞에서 저를 가엾이 여겨 주십시오. (느헤 1,11)

자신의 감정 찾기

오늘은 당신을 소중히 하는 사람들을 떠올려 보세요. 그들을 떠올리며 하느님께 나의 부정적인 감정을 봉헌해 봅니다. "주님, 제 감정을 드리오니 받아 주세요."라고 반복해서 청합니다.

하느님께 말씀드리기

오늘 내 감정은 어떤가요? 내 마음의 소리를 가만히 잘 들어 보고, 하느님께 나 자신을 온전히 내어 맡깁시다.

영감 얻기

우리는 자신의 삶을 다른 눈으로 바라보려고 노력할 수 있습니다. 신앙도 궁극적으로는 우리가 자신의 삶을 바라보는 시각이라고 할 수 있습니다. 신앙은 질병이나 경제적인 어려움, 그 밖의 여러 가지 문제들로 인한 고통스러운 상황에서 다음과 같은 질문을 할 수 있도록 도와줍니다. '이 혼돈 상태가 내적인 공간으로 들어가게 해 주는 기회이지 않을까? 나는 그곳에서 나 자신을 찾으며, 내 안에 거처하시는 하느님 덕분에 치유되고 온전해질 거야.'
─《결정이 두려운 나에게》중에서

감사 기도하기

나의 치유 과정에 함께해 주시는 주님께 감사 기도 드리는 시간을 가집시다.

....
....
....
....
....
....
....

아멘.

20일차

여러분에게 닥친 시련은 인간으로서 이겨 내지 못할 시련이 아닙니다. 그분께서는 여러분에게 능력 이상으로 시련을 겪게 하지 않으십니다. 그리고 시련과 함께 그것을 벗어날 길도 마련해 주십니다.(1코린 10,13)

자신의 감정 찾기

오늘은 주님께서 안아 주시는 모습을 상상해 보세요. 그리고 우리에게 평화와 행복을 주신 주님께 감사를 드립니다.

하느님께 말씀드리기

오늘 내 감정은 어떤가요? 내 마음의 소리를 가만히 잘 들어 보고, 하느님께 나 자신을 온전히 내어 맡깁시다.

Date   /   /

영감 얻기

너는 아무리 작은 은혜를 받았을지라도 감사하라. 그러면 큰 은혜를 받을 자격이 생길 것이다. 아주 작은 선물이라도 가장 큰 것으로 여기고, 아주 소홀히 여길 만한 것이라도 특별히 중요한 은혜로 생각하라. 은혜를 베푸시는 분의 권위를 생각한다면, 은혜는 작은 것도 없고 천한 것도 없다.

―《준주성범》중에서

감사 기도하기

나의 치유 과정에 함께해 주시는 주님께 감사 기도 드리는 시간을 가집시다.

....
....
....
....
....
....
....
....

아멘.

내 마음을 살펴봅시다.
지금 내 마음은 어떠한가요?
세상이 나만 괴롭히는 것처럼 느껴지나요?
누군가에 대해서 화가 나나요?
지난날이 후회되고 거기서 상처를 받나요?
어떤 것에 대해 두려움이 느껴지나요?
이러한 부정적인 감정들을 모두 하느님께 드립시다.

부정적인 기억에서 벗어나기

- 조용한 장소에서 기도하는 자세로 눈을 감습니다. 천천히 숨을 쉬면서 자신의 호흡에 집중해 보세요.
- 자신의 온몸을 상상하고 머리끝부터 발끝까지 긴장을 푼다고 생각해 보세요. 온몸이 따뜻하고 기분 좋게 축 늘어지는 모습을 상상합니다. 속으로 "편안하다"고 되뇌어 봅니다.
- 자신을 괴롭히는 과거의 기억을 떠올려 봅니다. 마치 영화를 감상하듯 그때 일을 구체적으로 상상합니다. 떠올리기 싫은 기억이라도 그때의 감정과 마주합니다. 당시를 관찰자처럼 한 걸음 물러나서 관찰합니다.
- 고통스러운 기억을 하느님께 봉헌하고 지우개로 깨끗이 지웁니다.
- 주님께 행복한 삶을 달라고 청합니다. 자신의 소망이 이뤄진 행복한 모습을 상상합니다. 주변 사람들과 서로 축하하고 사랑의 말을 나누는 모습을 상상합니다.
- 평화와 행복을 주신 주님께 감사를 드립니다.
- 그 감정을 충분히 느낀 후 일상으로 돌아옵니다.

건강한 생활 습관을 실천해 봅시다.

체크 리스트

1	긍정적인 말은 힘을 북돋아 줍니다. ("나는 반드시 치유될 것이다." 하고 소리 내어 말하기)	
2	내가 먹는 음식이 나의 몸을 만듭니다. (균형 잡힌 식단으로 식사하기)	
3	사람도 광합성이 필요합니다. (햇빛을 받으며 30분 산책하기)	
4	몸과 마음을 편하게 하는 시간을 가져 보세요. (따뜻한 물로 샤워하기)	
5	잠은 건강과 행복에 중요한 역할을 합니다. (규직적인 수면 시간 지키기)	
6	웃음은 행복으로 향하는 지름길입니다. (크게 소리 내어 웃어 보기)	
7	인간은 사회적인 동물입니다. (주변 사람들과 가벼운 대화하기)	

🌱 오늘 있었던 일 중 기뻤던 일을 적어 보세요.

21일차
....
22일차
....
23일차
....
24일차
....
25일차
....

21일차	22일차	23일차	24일차	25일차	26일차	27일차	28일차	29일차	30일차
☐	☐	☐	☐	☐	☐	☐	☐	☐	☐
☐	☐	☐	☐	☐	☐	☐	☐	☐	☐
☐	☐	☐	☐	☐	☐	☐	☐	☐	☐
☐	☐	☐	☐	☐	☐	☐	☐	☐	☐
☐	☐	☐	☐	☐	☐	☐	☐	☐	☐
☐	☐	☐	☐	☐	☐	☐	☐	☐	☐
☐	☐	☐	☐	☐	☐	☐	☐	☐	☐

🌱 기록이 쌓일수록 점점 더 건강해지는 나 자신을 그려 볼 수 있습니다.

26일차
....
27일차
....
28일차
....
29일차
....
30일차
....

21일차

> 나는 부활이요 생명이다.
> 나를 믿는 사람은 죽더라도 살고,
> 또 살아서 나를 믿는 모든 사람은 영원히 죽지 않을 것이다.
>
> (요한 11,25-26)

고통에서 벗어나기

현재 육체적으로 힘든 부분이 있다면 거기에 손을 올려 보세요. 그리고 주님께 이 고통을 가져가 달라고 청합시다.

하느님께 말씀드리기

오늘 내 감정은 어떤가요? 내 마음의 소리를 가만히 잘 들어 보고, 하느님께 나 자신을 온전히 내어 맡깁시다.

영감 얻기

지난 과거를 찬찬히 살펴보십시오. 그리고 당신 스스로 언제 기뻤고 또 무엇이 당신을 그토록 기쁘게 해 주었는지 생각해 보십시오. 혹은 지나온 모든 것들을 그냥 감사하는 마음으로 바라보십시오. 그러면 기쁨도 함께 느낄 수 있을 것입니다. 지금까지 어떻게 성장해 왔는지 조용히 되돌아보십시오. 파란만장한 지난 과거를, 좋았던 때든 나빴던 때든 기억할 수 있는 만큼 떠올려 보십시오. 고통스럽고 괴로웠던 과거도 그냥 지나치지 마십시오. 지나왔다는 사실이 또 하나의 축복이요, 기쁨이 될 수 있습니다. 당신은 그런 고통과 괴로운 순간을 견뎌 내고 이겨 냈습니다.

―《기쁨, 영혼의 빛》 중에서

감사 기도하기

나의 치유 과정에 함께해 주시는 주님께 감사 기도 드리는 시간을 가집시다.

....
....
....
....
....
....

아멘.

22일차

주님, 저를 낫게 해 주소서. 그러면 제가 나으리이다.
저를 구원해 주소서. 그러면 제가 구원받으리이다.
당신은 제 찬양을 받으실 분이십니다.(예레 17,14)

◦ 고통에서 벗어나기

온몸에 힘을 빼고 현재 정신적으로 힘든 부분이 있다면 주님께 자세히 말씀드려 보세요. 지금 나는 어떤 일로 스트레스를 받고 있는지 곰곰이 생각해 봅시다.

◦ 하느님께 말씀드리기

오늘 내 감정은 어떤가요? 내 마음의 소리를 가만히 잘 들어 보고, 하느님께 나 자신을 온전히 내어 맡깁시다.

Date   /   /

영감 얻기

사소한 일이나 희망으로 그대의 마음을 불안하게 해서는 안 됩니다. 사소한 일로 불안해하면 오히려 큰일을 그르치게 되기 때문입니다. 불안감이 엄습할 때에는 하느님께 기도드리십시오. 또한 급박한 일이 아니라면 불안감이 완전히 진정된 뒤 그대가 바라는 일을 실행하십시오.

―《신심 생활 입문》 중에서

감사 기도하기

나의 치유 과정에 함께해 주시는 주님께 감사 기도 드리는 시간을 가집시다.

....
....
....
....
....
....
....
....

아멘.

23일차

> 주 우리 하느님께서 우리 조상들과 함께 계시던 것처럼,
> 우리와도 함께 계셔 주시기를 빕니다.
> 우리를 떠나지도 버리지도 않으시기를 빕니다. (1열왕 8,57)

◦ 고통에서 벗어나기

지속적으로 당신을 힘들게 하고 있는 문제가 있다면 주님께 말씀드려 보세요. 손톱이 깨졌다거나 하는 작은 문제라도 괜찮고, 너무 쉽게 피로하다거나 자꾸 불안한 마음이 든다는 문제라도 괜찮습니다.

◦ 하느님께 말씀드리기

오늘 내 감정은 어떤가요? 내 마음의 소리를 가만히 잘 들어 보고, 하느님께 나 자신을 온전히 내어 맡깁시다.

영감 얻기

일상의 온갖 걱정과 곤경에 사로잡혀 마음이 짓눌리면, 하느님의 약속을 바라보지 못할 수 있습니다. 때때로 하느님이 매우 멀리 계신다고 느껴집니다. 그럴 때일수록 단순한 마음으로 돌아가 스스로 우리 일을 해내야 할 것입니다. 마음속 깊이 기도하고, 분노와 고통 속에서도 두려움 없이 하느님 앞에 나아가야 합니다.

—《프란치스코 교황이 초대하는 이달의 묵상: 기도》 중에서

감사 기도하기

나의 치유 과정에 함께해 주시는 주님께 감사 기도 드리는 시간을 가집시다.

아멘.

24일차

> 청하여라, 너희에게 주실 것이다.
> 찾아라, 너희가 얻을 것이다.
> 문을 두드려라, 너희에게 열릴 것이다.
> 누구든지 청하는 이는 받고, 찾는 이는 얻고,
> 문을 두드리는 이에게는 열릴 것이다. (마태 7,7-8)

⦂ 고통에서 벗어나기

자신을 괴롭히는 과거의 기억이 있다면 주님께 말씀드려 보세요. 다른 사람의 시선을 받은 일, 부모님께 혼난 일, 사고 났던 일 등 본인이 생각하기에 조금이라도 부정적이라고 생각되는 문제라면 이야기해 봅시다.

⦂ 하느님께 말씀드리기

오늘 내 감정은 어떤가요? 내 마음의 소리를 가만히 잘 들어 보고, 하느님께 나 자신을 온전히 내어 맡깁시다.

....
....
....
....
....

Date   /   /

영감 얻기

하느님, 성령의 은총으로 저를 견고케 하소서. 당신의 힘으로 저를 내적으로 굳세어지게 하시고, 제 마음에서 쓸데없는 모든 걱정과 근심을 없애는 힘을 주시어, 천한 것에든 귀한 것에든 마음을 빼앗기지 않게 하시고, 그 모든 것을 다 지나가는 것으로 여기게 하소서.

— 《준주성범》 중에서

감사 기도하기

나의 치유 과정에 함께해 주시는 주님께 감사 기도 드리는 시간을 가집시다.

....
....
....
....
....
....
....
....

아멘.

25일차

주님께서 그대에게 복을 내리시고 그대를 지켜 주시리라.
주님께서 그대에게 당신 얼굴을 비추시고 그대에게 은혜를 베푸시리라.
주님께서 그대에게 당신 얼굴을 들어 보이시고
그대에게 평화를 베푸시리라. (민수 6,24-26)

고통에서 벗어나기

자신을 괴롭히는 기억 중 한 가지에 대해 주님께 자세히 이야기해 보세요. 어떤 일이 있었는지, 어떤 옷을 입고 있었는지, 어떤 소리가 들렸는지 등 그때 상황이 어떠했는지 세세하게 떠올려 보고 이를 말씀드려 봅시다.

하느님께 말씀드리기

오늘 내 감정은 어떤가요? 내 마음의 소리를 가만히 잘 들어 보고, 하느님께 나 자신을 온전히 내어 맡깁시다.

○ 영감 얻기

자신의 약한 모습과 마주하면 우리는 그 모습을 참지 못하고 눈길을 돌리게 됩니다. 그러나 우리 안에 마음의 풍요함, 곧 고귀한 것이 있을 때에 우리는 자신 곁에 기꺼이 머물 수 있습니다. 세속과 구별되는 거룩함이 우리 안에 있을 때에만 마음의 평온을 얻을 수 있는 것입니다.
— 《딱! 알맞게 살아가는 법》 중에서

○ 감사 기도하기

나의 치유 과정에 함께해 주시는 주님께 감사 기도 드리는 시간을 가집시다.

아멘.

26일차

> 목자는 자기 양들의 이름을 하나하나 불러 밖으로 데리고 나간다.
> 이렇게 자기 양들을 모두 밖으로 이끌어 낸 다음,
> 그는 앞장서 가고 양들은 그를 따른다.
> 양들이 그의 목소리를 알기 때문이다. (요한 10,3-4)

⦁ 고통에서 벗어나기

자신을 괴롭히는 기억 중 한 가지에 대해 주님께 자세히 이야기해 보세요. 특히 자신이 그때 어떤 감정이 들었는지에 대해서 집중적으로 말씀드려 봅시다.

⦁ 하느님께 말씀드리기

오늘 내 감정은 어떤가요? 내 마음의 소리를 가만히 잘 들어 보고, 하느님께 나 자신을 온전히 내어 맡깁시다.

Date   /   /

영감 얻기

슬프고 고통스러울 때에는 성모님께, 어머니께 다가가 의탁하십시오. 어머니가 우리의 의지를 굳세게 하시고, 영혼의 상처를 치유하시며, 새로운 용기를 주실 것입니다.

—《기쁨이 가득한 매일 성모님 묵상》 중에서

감사 기도하기

나의 치유 과정에 함께해 주시는 주님께 감사 기도 드리는 시간을 가집시다.

....
....
....
....
....
....
....
....
....
....

아멘.

27일차

> 깊은 구렁 속에서 주님께 부르짖사오니,
> 주여, 내 소리를 들어 주소서,
> 내 비는 소리를 귀여겨들으소서. (《시편과 아가》, 시편 130,1-2)

◦ 고통에서 벗어나기

나를 괴롭히는 과거의 기억 속에서 하느님을 찾아보세요. 그리고 주님께 "이 모든 것을 주님께 드립니다."라고 말씀드리세요. 그분은 그 기억 속 어디에 계신가요? 주님이 계시지 않는다고 느껴지신다면 그것마저 봉헌해 봅시다.

◦ 하느님께 말씀드리기

오늘 내 감정은 어떤가요? 내 마음의 소리를 가만히 잘 들어 보고, 하느님께 나 자신을 온전히 내어 맡깁시다.

Date   /   /

영감 얻기

주님께서는 그대를 단련시키시어 온전히 주님의 사람으로 만드시고자 그러한 시련을 주시는 것입니다. 혹여 불평하지 않도록 조심하십시오. 불평하지 말고, 그대의 마음을 다잡아 고요히 고통을 견뎌 내십시오. 갑자기 울화가 치밀어 오르더라도 끝까지 참아 온유하고 평화로운 마음을 간직하십시오.
―《가시 속의 장미》중에서

감사 기도하기

나의 치유 과정에 함께해 주시는 주님께 감사 기도 드리는 시간을 가집시다.

....
....
....
....
....
....
....

아멘.

28일차

> 믿음의 기도가 그 아픈 사람을 구원하고,
> 주님께서는 그를 일으켜 주실 것입니다. (야고 5,15)

⦂ 고통에서 벗어나기

주님께 청하고 싶은 행복한 삶을 떠올려 보세요. 주님께 무엇을 가장 청하고 싶은지 묵상해 봅시다.

⦂ 하느님께 말씀드리기

오늘 내 감정은 어떤가요? 내 마음의 소리를 가만히 잘 들어 보고, 하느님께 나 자신을 온전히 내어 맡깁시다.

영감 얻기

우리는 종종 이렇게 묻곤 합니다. "이렇게 힘든 순간에도 그분이 제 곁에 계시나요?" 혹은 "이렇게 추악하고 나쁜 짓을 한 저를 사랑하신다고요?"라고 말입니다. 그럴 때 이렇게 되뇌십시오. "하느님께서는 나를 사랑하신다." 그렇습니다. 하느님께서는 저희를 사랑하십니다! 그 무엇도 우리에게서 이 확신을 앗아 가지는 못합니다.

―《그래도 희망》 중에서

감사 기도하기

나의 치유 과정에 함께해 주시는 주님께 감사 기도 드리는 시간을 가집시다.

....
....
....
....
....
....
....
....

아멘.

29일차

> 주께서 정녕 너를 사냥꾼의 올무에서,
> 모진 괴질에서 구하여 주시리라.
> 그 나래로 너를 휩싸 주시리니,
> 그 깃 아래로 너는 숨어들리라. (《시편과 아가》, 시편 91,3-4)

고통에서 벗어나기

자신의 소망이 이뤄진 행복한 모습을 상상해 보세요. 그 상상 속에서 당신은 무엇을 하고 있습니까? 그리고 주님은 어떻게 하고 계신가요?

하느님께 말씀드리기

오늘 내 감정은 어떤가요? 내 마음의 소리를 가만히 잘 들어 보고, 하느님께 나 자신을 온전히 내어 맡깁시다.

Date   /   /

영감 얻기

사랑하는 영혼들아, 내가 좋아하는 꽃들이 너희 정원에서 찬란히 피어나기를 진정 원한다면 너희의 정원 관리를 나에게 맡기고, 내가 그 땅을 일구고 가꾸게 해 다오. 내가 원하는 꽃과 과일이 자라지 못하게 방해하는 뿌리, 너희가 뽑아내려고 해도 힘이 없어 뽑지 못하는 그 뿌리를 내가 직접 뽑아 주마.
―《성심의 메시지》중에서

감사 기도하기

나의 치유 과정에 함께해 주시는 주님께 감사 기도 드리는 시간을 가집시다.

아멘.

30일차

> 집 짓는 이들이 내버린 돌 그 돌이 모퉁이의 머릿돌이 되었네.
> 이는 주님께서 이루신 일 우리 눈에 놀랍기만 하네.(마르 12,10-11)

고통에서 벗어나기

오늘은 주변 사람들과 서로 축하하고 사랑의 말을 나누는 모습을 상상해 보세요. 그리고 평화와 행복을 주신 주님께 감사드립시다.

하느님께 말씀드리기

오늘 내 감정은 어떤가요? 내 마음의 소리를 가만히 잘 들어 보고, 하느님께 나 자신을 온전히 내어 맡깁시다.

Date   /   /

영감 얻기

겉으로는 전례가 매년 반복되는 것처럼 보일 수 있지만, 이는 늘 새롭게 오시는 주님을 맞이하고 그분의 신비를 재현하는 것입니다. 그러므로 마음을 열고 능동적으로 전례에 참여해야 합니다. 전례 안에서 주님께서는 당신 부활의 힘으로 우리를 치유하고 용서하시는 가운데 오늘을 살아가는 우리와 만나시고 우리에게 말씀을 건네실 것입니다.
—《함께 기도하는 밤》중에서

감사 기도하기

나의 치유 과정에 함께해 주시는 주님께 감사 기도 드리는 시간을 가집시다.

．．

．．

．．

．．

．．

．．

．．

아멘.

우리는 주님께 청하여 마음의 상처를 치유할 수 있습니다.
특히 부정적인 감정의 중심인 분노를 벗어 버릴 수 있습니다.
그러기 위해서는 용서가 필요합니다.
용서야말로 분노의 치유제이기 때문입니다.

잘못 용서하기

- 조용한 장소에서 기도하는 자세로 눈을 감습니다. 천천히 숨을 쉬면서 자신의 호흡에 집중해 보세요.
- 온몸이 따뜻하고 기분 좋게 축 늘어지는 모습을 상상합니다. 속으로 "편안하다"고 되뇌어 봅니다.
- 상처를 준 사람을 떠올립니다. 어떤 상처인지 구체적으로 상상합니다. 그 상황에서 당신이 한 행동과 감정을 살펴봅니다.
- 상대방의 관점에서도 그 상황을 바라봅니다.
- 나 역시 그러한 행동을 한 적이 없는지 살펴보고, 그럴 수도 있음을 인정합니다. 그리고 주님께 이렇게 말씀드립니다. "완벽한 사람은 없습니다. 주님 제 상처를 안아 주세요."
- 상상 속에서 주님과 함께 당신에게 상처를 준 사람과 만납니다. 그 사람의 손을 잡고 말합니다. "당신을 용서합니다. 당신이 행복하기를 바랍니다."
- 주님께서 두 사람에게 사랑을 나눠 주실 것입니다. 서로 사랑의 마음을 나눈다고 상상해 봅니다. 그 사랑을 생생히 느껴 봅니다.
- 사랑을 주신 주님께 감사를 드립니다.
- 그 감정을 충분히 느낀 후 일상으로 돌아옵니다.

건강한 생활 습관을 실천해 봅시다.

체크 리스트

1	긍정적인 말은 힘을 북돋아 줍니다. ("나는 반드시 치유될 것이다." 하고 소리 내어 말하기)
2	내가 먹는 음식이 나의 몸을 만듭니다. (균형 잡힌 식단으로 식사하기)
3	사람도 광합성이 필요합니다. (햇빛을 받으며 30분 산책하기)
4	몸과 마음을 편하게 하는 시간을 가져 보세요. (따뜻한 물로 샤워하기)
5	잠은 건강과 행복에 중요한 역할을 합니다. (규직적인 수면 시간 지키기)
6	웃음은 행복으로 향하는 지름길입니다. (크게 소리 내어 웃어 보기)
7	인간은 사회적인 동물입니다. (주변 사람들과 가벼운 대화하기)

🌱 오늘 있었던 일 중 기뻤던 일을 적어 보세요.

31일차
....
32일차
....
33일차
....
34일차
....
35일차
....

31일차	32일차	33일차	34일차	35일차	36일차	37일차	38일차	39일차	40일차
☐	☐	☐	☐	☐	☐	☐	☐	☐	☐
☐	☐	☐	☐	☐	☐	☐	☐	☐	☐
☐	☐	☐	☐	☐	☐	☐	☐	☐	☐
☐	☐	☐	☐	☐	☐	☐	☐	☐	☐
☐	☐	☐	☐	☐	☐	☐	☐	☐	☐
☐	☐	☐	☐	☐	☐	☐	☐	☐	☐
☐	☐	☐	☐	☐	☐	☐	☐	☐	☐

🌱 **기록이 쌓일수록 점점 더 건강해지는 나 자신을 그려 볼 수 있습니다.**

36일차
....
37일차
....
38일차
....
39일차
....
40일차
....

31일차

> 억눌린 자 의지할 곳 주님이시며,
> 궁할 때 든든하신 피난처시니
> 주는 당신 찾는 자들을 아니 버리시기에,
> 당신 이름 아옵는 자, 주께 바라오리다. (《시편과 아가》, 시편 9,10-11)

용서하기
오늘은 가족이 내게 준 상처를 들여다보세요. 그리고 그때 내가 받았던 감정을 주님께 솔직히 말씀드려 봅시다.

하느님께 말씀드리기
오늘 내 감정은 어떤가요? 내 마음의 소리를 가만히 잘 들어 보고, 하느님께 나 자신을 온전히 내어 맡깁시다.

영감 얻기

주님의 사랑을 어떻게 맛볼 수 있을까요? 복음은 부활 당일 저녁에 있었던 일을 강조하며 전합니다. 예수님은 부활하시자마자 그 무엇보다 먼저 죄의 용서를 위한 성령을 선물로 주셨습니다. 사랑을 체험하기 위해서는 여기서부터 출발하는 것이 필요합니다. 바로 용서받는 것 말입니다. 우리는 용서받도록 자신을 내놓아야 합니다.

— 《오늘처럼 하느님이 필요한 날은 없었다》 중에서

감사 기도하기

나의 치유 과정에 함께해 주시는 주님께 감사 기도 드리는 시간을 가집시다.

....
....
....
....
....
....
....

아멘.

32일차

> 사람들이 갖가지 질병을 앓는 이들을
> 있는 대로 모두 예수님께 데리고 왔다.
> 예수님께서는 한 사람 한 사람에게 손을 얹으시어 그들을 고쳐 주셨다.
>
> (루카 4,40)

용서하기

오늘은 사랑하는 이가 준 상처를 들여다보세요. 그리고 그때 내가 받았던 감정을 주님께 솔직히 말씀드려 봅시다.

하느님께 말씀드리기

오늘 내 감정은 어떤가요? 내 마음의 소리를 가만히 잘 들어 보고, 하느님께 나 자신을 온전히 내어 맡깁시다.

....
....
....
....
....
....
....
....

영감 얻기

지금 당신은 절망적인 상황이라고 생각할 수도 있다. 꿈에서도 나타나는 상사, 당신을 기분 나쁘게 하려고 작정한 이웃이 있을 수도 있다. 그러나 당신이 스스로를 더 많이 용서한다면, '하느님의 시선'으로 다른 사람을 보게 된다면, 영적, 육체적 건강과 믿음이 성장하도록 자신과 다른 사람에게 용기를 북돋울 수 있다.
―《하느님, 도와주세요! 이 사람들 때문에 미치겠어요》 중에서

감사 기도하기

나의 치유 과정에 함께해 주시는 주님께 감사 기도 드리는 시간을 가집시다.

....
....
....
....
....
....
....
....

아멘.

33일차

아무것도 걱정하지 마십시오.
어떠한 경우에든 감사하는 마음으로 기도하고 간구하며
여러분의 소원을 하느님께 아뢰십시오. (필리 4,6)

○ 용서하기

오늘은 내가 다른 이들에게 오해받았던 기억을 들여다보세요. 그리고 그때 내가 받았던 감정을 주님께 솔직히 말씀드려 봅시다.

○ 하느님께 말씀드리기

오늘 내 감정은 어떤가요? 내 마음의 소리를 가만히 잘 들어 보고, 하느님께 나 자신을 온전히 내어 맡깁시다.

영감 얻기

나는 고해성사를 통해 하느님의 용서와 도우심을 청하면 도움이 된다고 수 차례 제안했다. 그녀는 평소 고해성사를 '죄를 세탁하는 것' 정도로 생각했다며 고해성사가 불안을 이기도록 도와준다고 생각해 본 적이 없다고 했다. 그러나 고해성사를 보고 난 뒤 그녀는 내게 말했다. "예수님은 실제로 거기에 계세요."

―《하느님, 도와주세요! 불안해서 죽겠어요》중에서

감사 기도하기

나의 치유 과정에 함께해 주시는 주님께 감사 기도 드리는 시간을 가집시다.

....
....
....
....
....
....
....
....

아멘.

34일차

내가 목마른 땅에 물을, 메마른 곳에 시냇물을 부어 주리라.
너의 후손들에게 나의 영을, 너의 새싹들에게 나의 복을 부어 주리라.
그들은 물길 사이의 풀처럼, 흐르는 물가의 버드나무처럼 솟아나리라.

(이사 44,3-4)

- **용서하기**

  오늘은 나를 불안하게 만든 일을 떠올려 보세요. 그리고 그때 내가 받았던 감정을 주님께 솔직히 말씀드려 봅시다.

- **하느님께 말씀드리기**

  오늘 내 감정은 어떤가요? 내 마음의 소리를 가만히 잘 들어 보고, 하느님께 나 자신을 온전히 내어 맡깁시다.

Date   /   /

영감 얻기

신앙생활에 가장 중요한 예수 그리스도와의 만남이 이루어지는 곳, 그분께서 우리와 함께 계시는 하느님이심을 깨닫고 체험하는 곳이 바로 미사입니다. 우리가 미사를 다른 어떤 것보다 중요하게 여긴다는 것은 예수님을 내 삶의 중심에 모시고 살겠다는 의지의 표현입니다. 왜냐하면 미사 안에서 예수님께서 다가오시는 것을 받아들일 때, 예수님께서는 우리를 가르치고 먹이시며 우리를 변화시키고 치유하실 뿐만 아니라, 미사를 통해 우리와 하나가 되실 것입니다.

―《함께 기도하는 밤》 중에서

감사 기도하기

나의 치유 과정에 함께해 주시는 주님께 감사 기도 드리는 시간을 가집시다.

....
....
....
....
....
....

아멘.

35일차

> 하느님은 우리 힘, 우리 숨는 곳,
> 어려운 고비마다 항상 구해 주셨기에
> 설령 땅이 뒤흔들린단들, 산들이 해심으로 빠져든단들,
> 우리는 무서워하지 않으리라.《시편과 아가》, 시편 46,2-3)

용서하기

여러 상처 가운데 가장 나았으면 하는 상처는 무엇인가요? 오늘은 그 상처를 입은 상황에서 자신의 행동과 감정을 구체적으로 살펴보고 이를 주님께 말씀드려 봅시다.

하느님께 말씀드리기

오늘 내 감정은 어떤가요? 내 마음의 소리를 가만히 잘 들어 보고, 하느님께 나 자신을 온전히 내어 맡깁시다.

Date   /   /

영감 얻기

성모님은 당신 자녀들을 잊지 않으시기에 늘 서둘러 오십니다. 당신 자녀들이 어려움에 처했을 때, 도움이 필요할 때 자녀들은 그분을 부르고 그분은 서둘러 오십니다.

이 사실은 우리에게 안정감을 줍니다. 우리 곁에, 우리 옆에 늘 어머니가 함께하신다는 안정감 말입니다. 우리의 삶 가까이에 어머니가 계실 때, 우리는 힘을 얻어 더 멀리 갈 수 있습니다.

─《기쁨이 가득한 매일 성모님 묵상》중에서

감사 기도하기

나의 치유 과정에 함께해 주시는 주님께 감사 기도 드리는 시간을 가집시다.

....
....
....
....
....
....
....

아멘.
....

36일차

주님이 사람의 발걸음을 가누어 굳게 하시고,
그의 길을 좋이 여기시나니
주께서 그의 손을 붙잡아 주시기에,
넘어져도 쓰러진 채 있지 않으리라.《시편과 아가》, 시편 37,23-24

용서하기

오늘은 며칠간 주님께 말씀드렸던 상처받은 상황을 다시 떠올려 보고 이번에는 상대방의 입장에서 그 상황을 바라보세요. 상대방이 왜 그렇게 반응했을지 주님께 말씀드려 봅시다.

하느님께 말씀드리기

오늘 내 감정은 어떤가요? 내 마음의 소리를 가만히 잘 들어 보고, 하느님께 나 자신을 온전히 내어 맡깁시다.

Date   /   /

◦ 영감 얻기

우리는 하루 24시간 중 겨우 몇 분 정도만 하느님을 위해 쓰면서, 이 시간에 그분께서 현존하지 않으신다고 불평합니다. 그러나 아마 하느님께서 우리의 문을 두드리실 23시간 30분 동안에는 "저는 너무 바쁩니다." 하고 대답했거나, 우리 마음과 의식이나 생활 속에서 그분께서 두드리는 소리를 전혀 듣지 못했을지도 모릅니다. 사실 우리에게는 하느님의 부재를 불평할 권리가 없습니다. 그분께서 안 계실 때보다도 우리가 외면할 때가 훨씬 더 많기 때문입니다.

—《기도의 체험》중에서

◦ 감사 기도하기

나의 치유 과정에 함께해 주시는 주님께 감사 기도 드리는 시간을 가집시다.

....
....
....
....
....
....

아멘.

37일차

당신께 비옵는 누구에게나,
진정으로 비는 누구에게나,
주님은 가까이 계시나이다.
당신을 두려워하는 자에게 원대로 해 주시고,
그 애원을 들으시어 구해 주시나이다. (《시편과 아가》, 시편 145,17-18)

○ 용서하기

오늘은 남에게 상처를 주는 행위를 한 적이 없는지 묵상해 보세요. 기억나는 대로 주님께 솔직히 말씀드려 봅시다.

○ 하느님께 말씀드리기

오늘 내 감정은 어떤가요? 내 마음의 소리를 가만히 잘 들어 보고, 하느님께 나 자신을 온전히 내어 맡깁시다.

영감 얻기

우리를 이끄시는 성령께 우리 자신을 열어 드리며 기도할 때, 우리는 기대하지도 못했던 문이 열리는 것을 알 수 있습니다. 때때로 그 문 뒤에는 고통스러운 일들만 가득 차 있습니다. 그러기에 우리는 하느님이 안 계시면 우리가 얼마나 곤궁하고 무기력하게 되는지를 깨닫게 됩니다.
―《프란치스코 교황이 초대하는 이달의 묵상: 기도》중에서

감사 기도하기

나의 치유 과정에 함께해 주시는 주님께 감사 기도 드리는 시간을 가집시다.

....
....
....
....
....
....
....
....

아멘.

38일차

> 내 영혼이 주님을 기다리오며,
> 당신의 말씀을 기다리나이다.
> 파수꾼이 새벽을 기다리기보다,
> 내 영혼이 주님을 더 기다리나이다. 《시편과 아가》, 시편 130,5-6

용서하기

오늘은 주님과 함께 자신에게 상처를 준 이를 찾아간다고 상상해 보세요. 상대방에게 무슨 이야기를 하고 싶은지 생각해 봅시다.

하느님께 말씀드리기

오늘 내 감정은 어떤가요? 내 마음의 소리를 가만히 잘 들어 보고, 하느님께 나 자신을 온전히 내어 맡깁시다.

영감 얻기

우리는 외롭다. 외로움과 함께 불안도 엄습한다. 그래도 다행인 것은 하느님이 우리를 찾고 계시며, 수천 년 동안 우리를 부르고 계신다는 점이다. 잃어버린 양을 찾아 나서는 사람, 잃어버린 은전을 찾는 부인, 잃었던 아들을 찾는 아버지처럼 말이다(루카 15,1-32 참조). 사람들은 하느님이 우리를 찾는 것을 당연하게 여긴다. 그러나 하느님은 우리가 당연하다고 생각하는 것보다 훨씬 더 애타게 우리를 찾으신다.

— 《하느님, 도와주세요! 불안해서 죽겠어요》 중에서

감사 기도하기

나의 치유 과정에 함께해 주시는 주님께 감사 기도 드리는 시간을 가집시다.

....
....
....
....
....
....

아멘.

39일차

> 너희 가운데 아들이 빵을 청하는데 돌을 줄 사람이 어디 있겠느냐?
> 생선을 청하는데 뱀을 줄 사람이 어디 있겠느냐?
> 너희가 악해도 자녀들에게는 좋은 것을 줄 줄 알거든,
> 하늘에 계신 너희 아버지께서야 당신께 청하는 이들에게
> 좋은 것을 얼마나 더 많이 주시겠느냐? (마태 7,9-11)

용서하기

내게 상처를 준 이에게 주님께 받은 사랑을 나눠 준다고 상상해 보세요. 주님의 현존을 느끼며, 그분의 사랑을 느껴 봅시다.

하느님께 말씀드리기

오늘 내 감정은 어떤가요? 내 마음의 소리를 가만히 잘 들어 보고, 하느님께 나 자신을 온전히 내어 맡깁시다.

Date   /   /

⦁ 영감 얻기

주님께서는 무엇이든지 하실 수 있고, 무엇이든지 주실 수 있으며, 모든 것을 채워 주시고, 오직 죄인만 빈손으로 내버려 두십니다. 당신께서는 친히 만드신 것이 헛되고 쓸데없는 것이 되기를 원치 않으시니, '당신의 자비를 기억하시고' 은총을 내려 저의 마음을 채우소서.

—《준주성범》 중에서

⦁ 감사 기도하기

나의 치유 과정에 함께해 주시는 주님께 감사 기도 드리는 시간을 가집시다.

....
....
....
....
....
....
....

아멘.

40일차

> 누구든지 이 산더러 '들려서 저 바다에 빠져라.' 하면서,
> 마음속으로 의심하지 않고 자기가 말하는 대로
> 이루어진다고 믿으면, 그대로 될 것이다.(마르 11,23)

용서하기

자신의 상처를 다시금 돌이켜 보며 그것을 볼 용기를 주신 주님께 감사를 드려 보세요. 그리고 주님의 사랑으로 그런 상처가 모두 치유되기를 주님께 빌어 봅시다.

하느님께 말씀드리기

오늘 내 감정은 어떤가요? 내 마음의 소리를 가만히 잘 들어 보고, 하느님께 나 자신을 온전히 내어 맡깁시다.

⦁ 영감 얻기

두려워하지 마십시오. 그대는 바람과 파도 가운데서 물 위를 걷고 있습니다. 그러나 예수님과 함께 걷고 있습니다. 두려워할 것이 무엇입니까? 그대가 두려움에 사로잡힌다면, 강력하게 외치십시오. "주님, 저를 구해 주십시오!" 주님께서 그대에게 손을 내밀어 주실 것입니다. 주님의 손을 꼭 붙잡고, 기쁘게 나아가십시오.
―《가시 속의 장미》 중에서

⦁ 감사 기도하기

나의 치유 과정에 함께해 주시는 주님께 감사 기도 드리는 시간을 가집시다.

....
....
....
....
....
....
....
아멘.

부정적인 기억을 주님께 봉헌하고
긍정적인 기억을 떠올려야 감정을 전환할 수 있습니다.
우리는 어떤 생각을 할지 선택할 수 있습니다.
긍정적인 기억은 부정적인 기억을 밀어낼 수 있습니다.

긍정적인 감정 습관화하기

- 조용한 장소에서 기도하는 자세로 눈을 감습니다. 천천히 숨을 쉬면서 자신의 호흡에 집중해 보세요.
- 온몸이 따뜻하고 기분 좋게 축 늘어지는 모습을 상상합니다. 속으로 "편안하다"고 되뇌어 봅니다.
- 가장 행복했을 때가 언제인지 조용히 생각해 봅니다. 온 가족이 함께한 휴가 기간, 아이가 태어났을 때, 프러포즈를 받았을 때 등이 있을 수 있습니다. 마치 영화를 감상하듯 하나하나 눈에 보이듯이 그때 일을 구체적으로 상상합니다.
- 그때 주님께서 어디 계셨는지 살펴봅시다.
- 주님을 바라보며 그분이 함께하셨던 미사 시간을 같이 떠올려 봅시다. 미사 때 모셨던 주님의 몸과 피, 미사 시간에 울렸던 종소리, 주님께 바친 기도문, 사제의 목소리 등도 함께 기억해 봅니다.
- 이것이 습관이 될 때까지 꾸준히 반복해 봅니다.
- 이제 부정적인 감정이 들 때마다 미사 시간을 떠올려 봅니다. 그러면 부정적인 감정이 물러가고 주님께서 함께하심을 느낄 수 있을 것입니다.

건강한 생활 습관을 실천해 봅시다.

체크 리스트

1	긍정적인 말은 힘을 북돋아 줍니다. ("나는 반드시 치유될 것이다." 하고 소리 내어 말하기)	
2	내가 먹는 음식이 나의 몸을 만듭니다. (균형 잡힌 식단으로 식사하기)	
3	사람도 광합성이 필요합니다. (햇빛을 받으며 30분 산책하기)	
4	몸과 마음을 편하게 하는 시간을 가져 보세요. (따뜻한 물로 샤워하기)	
5	잠은 건강과 행복에 중요한 역할을 합니다. (규칙적인 수면 시간 지키기)	
6	웃음은 행복으로 향하는 지름길입니다. (크게 소리 내어 웃어 보기)	
7	인간은 사회적인 동물입니다. (주변 사람들과 가벼운 대화하기)	

🌱 오늘 있었던 일 중 기뻤던 일을 적어 보세요.

41일차
....

42일차
....

43일차
....

44일차
....

45일차
....

41일차	42일차	43일차	44일차	45일차	46일차	47일차	48일차	49일차	50일차
☐	☐	☐	☐	☐	☐	☐	☐	☐	☐
☐	☐	☐	☐	☐	☐	☐	☐	☐	☐
☐	☐	☐	☐	☐	☐	☐	☐	☐	☐
☐	☐	☐	☐	☐	☐	☐	☐	☐	☐
☐	☐	☐	☐	☐	☐	☐	☐	☐	☐
☐	☐	☐	☐	☐	☐	☐	☐	☐	☐
☐	☐	☐	☐	☐	☐	☐	☐	☐	☐

❧ 기록이 쌓일수록 점점 더 건강해지는 나 자신을 그려 볼 수 있습니다.

46일차
....
47일차
....
48일차
....
49일차
....
50일차
....

41일차

크나 작으나, 주를 두려워하는 자에게,
당신은 그들에게 강복하시리라.

《시편과 아가》, 시편 115,13

긍정적인 감정 갖기

삶은 숫자로 측정할 수 없습니다. 특히 진정한 가치는 숫자로 측정되지 않습니다. 주님께만 우리의 진정한 가치가 있음을 깨닫고 언제나 주님과 함께하는 길을 묵상해 보세요.

하느님께 말씀드리기

오늘 내 감정은 어떤가요? 내 마음의 소리를 가만히 잘 들어 보고, 하느님께 나 자신을 온전히 내어 맡깁시다.

영감 얻기

내가 암 여정을 걷는 동안, 하느님의 현존 체험은 밀물과 썰물처럼 밀려왔다가 빠져나갔다. 하느님은 때로는 가까이 계셨다. 손을 뻗으면 거의 만질 수 있을 것 같았다. 그러나 때로는 어둠에 휩싸이면서 하느님이 다른 일로 바쁘신 건 아닌지 의심했다.

암 여정에서의 나의 사명은 무엇이었을까? 나는 내가 왜 암에 걸렸는지 이해할 수 없었다. 그래서 내가 어떤 부르심을 받았을까 내내 생각해 보았다. 나는 믿음을 잃지 않았다. 그리고 가능한 한 많이 기도했다. 내 힘이 닿는 한 자주 미사에 참석해서 성체를 모셨다. 믿음이 더 깊어지길 바라면서 기도했다.

―《성모님과 암을 이겨 내기》중에서

감사 기도하기

나의 치유 과정에 함께해 주시는 주님께 감사 기도 드리는 시간을 가집시다.

....
....
....
....
....

아멘.

42일차

나의 형제 여러분, 갖가지 시련에 빠지게 되면
그것을 다시없는 기쁨으로 여기십시오.
여러분도 알고 있듯이,
여러분의 믿음이 시험을 받으면 인내가 생겨납니다.
그 인내가 완전한 효력을 내도록 하십시오.
그리하면 모든 면에서 모자람 없이
완전하고 온전한 사람이 될 것입니다.(야고 1,2-4)

∘ 긍정적인 감정 갖기

남의 행복에 부러워하지 말고, 자신의 행복에 집중해 보세요. 자신의 존재감을 주님 안에서 찾으면 남과 자신을 비교하지 않을 수 있습니다. 주님께서 내게 주신 소명은 무엇인지 묵상해 봅시다.

∘ 하느님께 말씀드리기

오늘 내 감정은 어떤가요? 내 마음의 소리를 가만히 잘 들어 보고, 하느님께 나 자신을 온전히 내어 맡깁시다.

영감 얻기

우리는 사물을 있는 그대로 바라보아야 합니다. 사물을 하느님의 빛에서 바라보고, 부정적인 것도 그대로 바라볼 용기를 내야 합니다. 부정적인 것도 하느님의 빛에서 바라보았을 때, 그 빛이 온갖 어둠을 몰아내리라는 희망을 품을 수 있습니다. 우리는 죽음에서 생명으로 깨어나야 합니다. 우리는 깨어 있는 눈으로 하루를 바라보아야 합니다.

─《안셀름 그륀의 기적》중에서

감사 기도하기

나의 치유 과정에 함께해 주시는 주님께 감사 기도 드리는 시간을 가집시다.

....
....
....
....
....
....
....

아멘.

43일차

> 너의 조상 다윗의 하느님인 주님이 이렇게 말한다.
> 나는 네 기도를 들었고 네 눈물을 보았다.
> 이제 내가 너를 치유해 주겠다. (2열왕 20,5)

○ 긍정적인 감정 갖기

오늘은 본인의 호흡에 집중해 보세요. 신선한 들숨이 몸 안에 들어와 날숨을 통해서 부정적인 생각들을 가져간다고 상상해 보세요. 그렇게 머릿속이 어떠한 것도 남아 있지 않은 깨끗한 상태가 되어 감을 느껴 보세요.

○ 하느님께 말씀드리기

오늘 내 감정은 어떤가요? 내 마음의 소리를 가만히 잘 들어 보고, 하느님께 나 자신을 온전히 내어 맡깁시다.

....
....
....
....
....
....

영감 얻기

너무 번민하거나 너무 근심하는 것은 마땅치 못하다. 하느님께서는 오랫동안 거절하신 것을 가끔 짧은 순간에 주시고, 기도를 시작할 때에 주시지 않은 것을 기도가 끝날 때에 주기도 하시기 때문이다. 그러므로 좋은 희망과 겸손한 인내로 신심의 은혜를 기다려야 한다.
—《준주성범》 중에서

감사 기도하기

나의 치유 과정에 함께해 주시는 주님께 감사 기도 드리는 시간을 가집시다.

....
....
....
....
....
....
....
....

아멘.
....

44일차

그분의 어머니는 일꾼들에게
"무엇이든지 그가 시키는 대로 하여라." 하고 말하였다. (요한 2,5)

긍정적인 감정 갖기

오늘은 파도가 일렁이는 넓은 바다를 상상해 보세요. 당신은 그 바닷속에 몸을 담그고 있습니다. 주님의 따뜻한 손길이 그 물결처럼 나를 어루만지며 내 몸 안에 있는 부정적인 에너지와 스트레스를 가져가 주신다고 상상하며 느껴 봅시다. 그 생각들은 유유히 먼 바다로 흘러 나갈 것입니다.

하느님께 말씀드리기

오늘 내 감정은 어떤가요? 내 마음의 소리를 가만히 잘 들어 보고, 하느님께 나 자신을 온전히 내어 맡깁시다.

....

....

....

....

....

....

영감 얻기

삶이 우리를 억누르는 기분이 들 때가 있다. 빡빡한 스케줄, 이러지도 저러지도 못하는 상황, 산더미 같은 업무와 각종 청구서들……. 이 소용돌이 중심에서 우리를 끊임없이 부르는 조용한 목소리가 있다. "오 나의 아이야, 여러 가지 일로 정신이 없지? 잠시 모든 것을 멈추렴. 두려워하지 마라. 내가 너와 함께 있단다."

—《하느님, 도와주세요! 불안해서 죽겠어요》 중에서

감사 기도하기

나의 치유 과정에 함께해 주시는 주님께 감사 기도 드리는 시간을 가집시다.

아멘.

45일차

> 너희는 먼저 하느님의 나라와 그분의 의로움을 찾아라.
> 그러면 이 모든 것도 곁들여 받게 될 것이다.
> 그러므로 내일을 걱정하지 마라. 내일 걱정은 내일이 할 것이다.
> 그날 고생은 그날로 충분하다. (마태 6,33-34)

◦ 긍정적인 감정 갖기

오늘은 부정적인 생각을 얼마나 했나요? 어떻게 해도 바꿀 수 없는 상황이나 나의 잘못이라고 단정할 수 없는 일에 에너지를 쏟고 있지는 않나요? 그러한 생각이 들 때엔 항상 우리 곁에 계시는 주님께 집중해 보세요. 주님께서 어떠한 부정적인 생각도 가져가 주실 거라고 믿어 봅시다.

◦ 하느님께 말씀드리기

오늘 내 감정은 어떤가요? 내 마음의 소리를 가만히 잘 들어 보고, 하느님께 나 자신을 온전히 내어 맡깁시다.

....
....
....
....
....
....

Date   /   /

영감 얻기

실상 인생이라는 작품에서 중요한 것은, 넘어진 적이 없었다는 것이 아니라, 그렇게 넘어졌음에도 그곳에 머무르지 않았다는 것입니다. 넘어지면 곧바로 다시 일어나 가던 길을 계속해서 걸어 나가면 되니까요! 이런 일은 매일매일 일어납니다. 그리고 이것이 우리 인간들의 삶입니다.
―《뒷담화만 하지 않아도 성인이 됩니다》중에서

감사 기도하기

나의 치유 과정에 함께해 주시는 주님께 감사 기도 드리는 시간을 가집시다.

....
....
....
....
....
....
....
....

아멘.

46일차

> 야훼님 두려워하는 자들아, 야훼께 의탁하라,
> 당신은 그 도움, 그 방패시로다.
> 주께서 우리를 기억하시고, 축복을 우리에게 주시리로다.
>
> 《시편과 아가》, 시편 115,11-12

긍정적인 감정 갖기

오늘은 반복적으로 되새김질하는 생각을 떠올려 보세요. 머리속에서 도통 지워지지 않는 생각이 있나요? 그러한 생각이 머릿속에서 떨어지지 않는다면 그 생각이 들 때마다 주님과 함께한 미사 시간이나 기도하는 시간을 떠올리며, 전능하신 주님을 깊이 신뢰합시다.

하느님께 말씀드리기

오늘 내 감정은 어떤가요? 내 마음의 소리를 가만히 잘 들어 보고, 하느님께 나 자신을 온전히 내어 맡깁시다.

영감 얻기

하느님께서 어떤 곤경을 겪게 하신다 하더라도, 그대가 붙잡고 온 하느님의 손에서 그러한 어려움들을 받아들여야 합니다. 하느님께서 그대를 완덕의 경지에 데려다주실 때까지 결코 하느님의 손을 놓아서는 안 됩니다. 그러면 하느님의 섭리로 모든 일이 그대의 뜻대로 이루어지는 것을 보게 될 것입니다.

―《가시 속의 장미》중에서

감사 기도하기

나의 치유 과정에 함께해 주시는 주님께 감사 기도 드리는 시간을 가집시다.

아멘.

47일차

> 야훼께 감사하라, 그 자비하심을
> 중생에게 베푸신 그 기적들을.
> 애타는 영혼을 흐뭇하게 하시고,
> 굶주린 영혼을 복으로 채우셨도다.《시편과 아가》, 시편 107,8-9

○ 긍정적인 감정 갖기

부정적인 생각을 멈추기 위해서는 그러한 생각이 들 때마다 그러한 생각을 멈출 수 있는 심리적 장치가 필요합니다. 자신에게 힘이 되어 주었던 말이나 자신이 사랑받고 있다는 기억이 그러한 역할을 하는 데 적절합니다. 그러니 주님을 처음 만났던 세례식이나, 그분과 함께한 미사 시간을 자주 떠올려 봅시다. 우리에게 끊임없이 사랑을 주시는 주님을 떠올리는 것만큼 우리에게 희망을 주는 기억은 없습니다.

○ 하느님께 말씀드리기

오늘 내 감정은 어떤가요? 내 마음의 소리를 가만히 잘 들어 보고, 하느님께 나 자신을 온전히 내어 맡깁시다.

영감 얻기

하느님께서 위로를 주시는 것은 사람이 역경을 잘 참아 나가도록 필요한 용기를 주시기 위함이다.
—《준주성범》중에서

감사 기도하기

나의 치유 과정에 함께해 주시는 주님께 감사 기도 드리는 시간을 가집시다.

....
....
....
....
....
....
....
....
....
....
....

아멘.

48일차

> 우리는 우리를 사랑해 주신 분의 도움에 힘입어
> 이 모든 것을 이겨 내고도 남습니다. (로마 8,37)

긍정적인 감정 갖기

부정적인 생각이 끊임없이 든다면 그 생각에서 숨으려 하지 말고 그 생각을 주님과 함께 떠올려 보세요. 그 생각을 자신이 판단하려 하지 않고 주님께서 그 생각을 보시면서 뭐라고 말씀하시는지 떠올려 보면 이를 있는 그대로 받아들이는 데 큰 도움이 됩니다.

하느님께 말씀드리기

오늘 내 감정은 어떤가요? 내 마음의 소리를 가만히 잘 들어 보고, 하느님께 나 자신을 온전히 내어 맡깁시다.

영감 얻기

고통 속에 있음을 받아들인다면 설명할 수 없는 직관이 어둠 속에서 출구로 인도하듯 서서히 치유의 길이 열린다. 이 경우에도 상징적이고 종교적인 장치들은 진통제로 작용할 수 있지만, 진정한 도약이 있어야 다른 의미를 찾을 수 있고 위로뿐만 아니라 더 근본적인 결정을 내릴 수 있다.
―《깊은 곳의 빛》중에서

감사 기도하기

나의 치유 과정에 함께해 주시는 주님께 감사 기도 드리는 시간을 가집시다.

....
....
....
....
....
....
....
....

아멘.

49일차

> 죽음의 올가미가 나를 에우고, 저승의 공포가 나를 덮쳐,
> 슬픔과 괴로움에 잠겨 있었노라.
> 나는 당신 이름 부르며 빌었었노라.
> "주여, 이 목숨 살려 주소서" 하고.《시편과 아가》, 시편 116,3-4)

긍정적인 감정 갖기

미사 시간에 모셨던 주님의 몸과 피를 떠올려 보세요. 내가 아니라 주님께서 내 몸 안에 계십니다. 주님께서는 우리에게 좋은 것만을 주십니다. 주님을 믿고 몸 안에 계신 주님께 모두 의지해 봅시다.

하느님께 말씀드리기

오늘 내 감정은 어떤가요? 내 마음의 소리를 가만히 잘 들어 보고, 하느님께 나 자신을 온전히 내어 맡깁시다.

Date   /   /

- **영감 얻기**

  하느님은 '저 높은 곳'이나 '저 멀리 떨어진 곳'에 계신 분이 아닙니다. 하느님은 인간의 모든 고통 속에서 우리와 함께 고통을 받고자 하십니다. 이것이 바로 예수님이 한 인간으로 오셔서 우리 고통을 이해하시고 당신 스스로 그 고통을 나누어 받으셨던 주된 이유입니다. 그렇게 하시어 예수님은 더욱더 효과적인 치유자가 되셨습니다.
  ─《프란치스코 교황이 초대하는 이달의 묵상: 치유》 중에서

- **감사 기도하기**

  나의 치유 과정에 함께해 주시는 주님께 감사 기도 드리는 시간을 가집시다.

  ....
  ....
  ....
  ....
  ....
  ....
  ....
  아멘.

50일차

> 서로 죄를 고백하고 서로 남을 위하여 기도하십시오.
> 그러면 여러분의 병이 낫게 될 것입니다.
> 의인의 간절한 기도는 큰 힘을 냅니다. (야고 5,16)

◦ 긍정적인 감정 갖기

오늘은 부정적인 말을 하지 마세요. "못하겠다", "어렵다"는 말은 사용하지 말고 "할 수 있다", "가능하다"는 말만 사용해 보세요. 긍정적인 생각은 부정적인 생각이 들어오지 못하게 막아 줍니다.

◦ 하느님께 말씀드리기

오늘 내 감정은 어떤가요? 내 마음의 소리를 가만히 잘 들어 보고, 하느님께 나 자신을 온전히 내어 맡깁시다.

영감 얻기

우리는 상처보다 강한 치유하는 힘을 떠올려야 합니다. 그리고 어두운 시기마다 하느님께서는 우리를 내버려두지 않으셨다는 것을 기억해야 합니다. 비록 우리가 그분을 항상 느끼지는 못했어도 말입니다. 기억은 우리의 참된 품위를 우리에게 보여 줍니다. 기억은 우리가 어떤 사람이 되었는지, 지금 우리의 참된 본질은 무엇인지 보여 줍니다. 가혹한 현실이 두려울 때에도 기억은 하나의 위안이 될 수 있습니다.

―《위안이 된다는 것》중에서

감사 기도하기

나의 치유 과정에 함께해 주시는 주님께 감사 기도 드리는 시간을 가집시다.

....
....
....
....
....
....

아멘.

사랑에는 놀라운 치유력이 담겨 있습니다.
사랑으로 충만한 사람은 좀 더 빠르게 병마를 극복하곤 합니다.
힘들고 두려울 때마다 사랑하는 사람들을 떠올리면
어떤 어려움이든 극복할 힘을 얻게 됩니다.
이제까지 수많은 부모들이 자식의 얼굴을 떠올리며
삶의 어려움을 이겨 내곤 했습니다.

사랑으로 마음 채우기

- 조용한 장소에서 기도하는 자세로 눈을 감습니다. 천천히 숨을 쉬면서 자신의 호흡에 집중해 보세요.
- 자신의 온몸을 상상하고 머리끝부터 발끝까지 긴장을 푼다고 생각해 보세요. 온몸이 따뜻하고 기분 좋게 축 늘어지는 모습을 상상합니다. 속으로 "편안하다"고 되뇌어 봅니다.
- 주님에게서 나온 사랑의 빛이 가슴을 채우는 상상을 해 보세요. 그 사랑의 빛이 온몸으로 퍼져 마침내 온 세상을 가득 채우는 것을 상상해 보세요.
- 사랑하는 사람에 대한 기억, 그리고 사랑으로 가득 찬 기억을 떠올려 보세요. 그때 감정이 마음속에 가득 참을 느껴 보세요. 이러한 느낌 속에서 "주님, 사랑합니다."라는 말을 반복합니다.
- 우리에게 사랑을 주신 주님께 감사를 드립니다.
- 그 감정을 충분히 느낀 후 일상으로 돌아옵니다.

건강한 생활 습관을 실천해 봅시다.

체크 리스트

1	긍정적인 말은 힘을 북돋아 줍니다. ("나는 반드시 치유될 것이다." 하고 소리 내어 말하기)
2	내가 먹는 음식이 나의 몸을 만듭니다. (균형 잡힌 식단으로 식사하기)
3	사람도 광합성이 필요합니다. (햇빛을 받으며 30분 산책하기)
4	몸과 마음을 편하게 하는 시간을 가져 보세요. (따뜻한 물로 샤워하기)
5	잠은 건강과 행복에 중요한 역할을 합니다. (규직적인 수면 시간 지키기)
6	웃음은 행복으로 향하는 지름길입니다. (크게 소리 내어 웃어 보기)
7	인간은 사회적인 동물입니다. (주변 사람들과 가벼운 대화하기)

❦ 오늘 있었던 일 중 기뻤던 일을 적어 보세요.

51일차

52일차

53일차

54일차

55일차

51일차	52일차	53일차	54일차	55일차	56일차	57일차	58일차	59일차	60일차
☐	☐	☐	☐	☐	☐	☐	☐	☐	☐
☐	☐	☐	☐	☐	☐	☐	☐	☐	☐
☐	☐	☐	☐	☐	☐	☐	☐	☐	☐
☐	☐	☐	☐	☐	☐	☐	☐	☐	☐
☐	☐	☐	☐	☐	☐	☐	☐	☐	☐
☐	☐	☐	☐	☐	☐	☐	☐	☐	☐
☐	☐	☐	☐	☐	☐	☐	☐	☐	☐

🌱 **기록이 쌓일수록 점점 더 건강해지는 나 자신을 그려 볼 수 있습니다.**

56일차
....

57일차
....

58일차
....

59일차
....

60일차
....

51일차

주께서 너를 두고 천사들을 명하시어,
너 가는 길마다 지키게 하셨으니
행여 너 돌부리에 발을 다칠세라,
천사들이 손으로 널 떠받고 가리라. (《시편과 아가》, 시편 91,11-12)

나의 소중한 사람에게

사랑하는 사람들에게 감사하는 마음을 담은 편지를 써 보세요.

하느님께 말씀드리기

오늘 내 감정은 어떤가요? 내 마음의 소리를 가만히 잘 들어 보고, 하느님께 나 자신을 온전히 내어 맡깁시다.

Date   /   /

영감 얻기

어느 날 성당 앞 길가에서 한 꼬마 아가씨가 멈추어 서서 도움을 청하는 아저씨를 물끄러미 바라보았습니다. 이 꼬마 아가씨는 자신의 가방에서 사탕을 한 움큼 쥐고 아저씨에게 전해 주고는 꾸벅 인사를 하고 달려갔습니다. 저는 아직도 고개를 들고 꼬마의 뒷모습을 한참 동안 바라보던 아저씨의 모습이 기억납니다. 아이가 전한 사탕은 물질적 도움 이상의 것이었습니다. 아이는 사랑을 전해 주었습니다. 그 사랑의 마음은 아저씨에게 전해졌고 아저씨의 마음을 움직였습니다. 사탕은 그에게 자신이 얼마나 소중한 존재인지 깨닫게 해 주었다고 저는 믿습니다.

―《함께 기도하는 밤》중에서

감사 기도하기

나의 치유 과정에 함께해 주시는 주님께 감사 기도 드리는 시간을 가집시다.

....
....
....
....
....
....

아멘.

52일차

나의 이름을 경외하는 너희에게는
의로움의 태양이 날개에 치유를 싣고 떠오르리니
너희는 외양간의 송아지들처럼 나와서 뛰놀리라. (말라 3,20)

⁚ 나의 소중한 사람에게

사랑하는 사람들에게 감사하는 마음을 담은 편지를 써 보세요.

....
....
....
....

⁚ 하느님께 말씀드리기

오늘 내 감정은 어떤가요? 내 마음의 소리를 가만히 잘 들어 보고, 하느님께 나 자신을 온전히 내어 맡깁시다.

....
....
....
....
....
....

영감 얻기

사랑은 절망을 변화시킬 수 있습니다. 우리를 위로하는 것은 사랑입니다. 사랑이 지금 여기서 희망을 전해 줍니다. 두 발을 딛고 선 땅을 앗아 가는 슬픔 가운데서도 다시 견고한 발판을 감지합니다. 사랑은 우리가 어둠 속으로, 고통 속으로, 슬픔 속으로 들어가 그것들을 내면에서부터 바꾸도록 용기를 줍니다. 또한 우리를 구해 내고 지탱해 줍니다. 이는 그리스도교 신앙의 핵심 메시지이기도 합니다.

—《위안이 된다는 것》 중에서

감사 기도하기

나의 치유 과정에 함께해 주시는 주님께 감사 기도 드리는 시간을 가집시다.

....
....
....
....
....
....

아멘.

53일차

"평화가 너와 함께 있기를"
우리 주 하느님의 집을 위하여,
너의 모든 행복을 나는 비노라. 《시편과 아가》, 시편 122,8-9)

나의 소중한 사람에게

사랑하는 사람들에게 감사하는 마음을 담은 편지를 써 보세요.

....
....
....
....

하느님께 말씀드리기

오늘 내 감정은 어떤가요? 내 마음의 소리를 가만히 잘 들어 보고, 하느님께 나 자신을 온전히 내어 맡깁시다.

....
....
....
....
....
....

영감 얻기

기도는 하느님과 만나는 것입니다. 이렇게 하느님과 만나면서 우리는 변모됩니다. 물론 내가 하느님께 내보이는 것만 달라집니다. 그러므로 기도한다는 것은 하느님이 내 안의 모든 것을 당신의 사랑과 빛으로 가득 채워 주신다고 신뢰하면서 그분께 나의 본모습을 내보이는 것을 의미합니다. 이제 나를 불안하게 하고 슬프거나 분노하게 만드는 것은 더 이상 아무것도 내 안에 남아 있지 않습니다. 나의 모든 걱정은 하느님의 영에 의해서 사라졌습니다. 그것들은 더 이상 나를 하느님과 갈라놓지 못합니다.

―《위안이 된다는 것》중에서

감사 기도하기

나의 치유 과정에 함께해 주시는 주님께 감사 기도 드리는 시간을 가집시다.

아멘.

54일차

> 너희 가운데 두 사람이 이 땅에서 마음을 모아 무엇이든 청하면,
> 하늘에 계신 내 아버지께서 이루어 주실 것이다.
> 두 사람이나 세 사람이라도 내 이름으로 모인 곳에는
> 나도 함께 있기 때문이다. (마태 18,19-20)

나의 소중한 사람에게

사랑하는 사람들에게 감사하는 마음을 담은 편지를 써 보세요.

....
....
....
....

하느님께 말씀드리기

오늘 내 감정은 어떤가요? 내 마음의 소리를 가만히 잘 들어 보고, 하느님께 나 자신을 온전히 내어 맡깁시다.

....
....
....
....
....

영감 얻기

그대의 지도자나 그대가 신뢰하는 신심 깊은 친구에게 불안감을 솔직하게 말하면 틀림없이 마음이 편해질 것입니다. 고열로 고생하는 사람이 사혈로 열이 내리는 것처럼, 마음의 고통을 가까운 사람에게 토로하는 것은 마음을 편하게 하는 좋은 방법입니다.

— 《신심 생활 입문》 중에서

감사 기도하기

나의 치유 과정에 함께해 주시는 주님께 감사 기도 드리는 시간을 가집시다.

....
....
....
....
....
....
....
....

아멘.

55일차

야훼는 나의 목자, 아쉬울 것 없노라.
파아란 풀밭에 이 몸 누여 주시고,
고이 쉬라 물터로 나를 끌어 주시니
내 영혼 싱싱하게 생기 돋아라.(《시편과 아가》, 시편 23,1-3)

나의 소중한 사람에게

사랑하는 사람들에게 감사하는 마음을 담은 편지를 써 보세요.

하느님께 말씀드리기

오늘 내 감정은 어떤가요? 내 마음의 소리를 가만히 잘 들어 보고, 하느님께 나 자신을 온전히 내어 맡깁시다.

영감 얻기

여러분은 진정 기적 같은 친구들입니다. 여러분은 모두, 단 하나뿐인 사랑의 결실입니다. 여러분은 사랑에서 왔고, 사랑 속에서 태어났습니다. 여러분은 유일합니다. 그러나 혼자는 아닙니다!
―《그대를 나는 이해합니다》중에서

감사 기도하기

나의 치유 과정에 함께해 주시는 주님께 감사 기도 드리는 시간을 가집시다.

아멘.

56일차

> 너희가 주 너희 하느님의 말씀을 잘 들으면,
> 이 모든 복이 내려 너희 위에 머무를 것이다.
> 너희는 성읍 안에서도 복을 받고 들에서도 복을 받을 것이다.
>
> (신명 28,2-3)

⁝ 나의 소중한 사람에게

사랑하는 사람들에게 감사하는 마음을 담은 편지를 써 보세요.

⁝ 하느님께 말씀드리기

오늘 내 감정은 어떤가요? 내 마음의 소리를 가만히 잘 들어 보고, 하느님께 나 자신을 온전히 내어 맡깁시다.

영감 얻기

우리는 자신을 초월하도록 사랑 안에서 창조되었다. 위 디오니시우스는 하느님의 사랑에 대해 이렇게 밝힌다. 하느님의 사랑은 황홀하기 그지없기에, 우리 자신이라는 틀을 깨고 사랑으로 나오게 되면 분명 하느님 사랑에 취하게 되리라고 말이다.
―《주님과 함께하는 10일의 밤》중에서

감사 기도하기

나의 치유 과정에 함께해 주시는 주님께 감사 기도 드리는 시간을 가집시다.

．．
．．
．．
．．
．．
．．
．．
．．

아멘.

57일차

> 군중은 모두 예수님께 손을 대려고 애를 썼다.
> 그분에게서 힘이 나와 모든 사람을 고쳐 주었기 때문이다.
>
> (루카 6,19)

◦ 나의 소중한 사람에게

사랑하는 사람들에게 감사하는 마음을 담은 편지를 써 보세요.

....
....
....
....

◦ 하느님께 말씀드리기

오늘 내 감정은 어떤가요? 내 마음의 소리를 가만히 잘 들어 보고, 하느님께 나 자신을 온전히 내어 맡깁시다.

....
....
....
....
....
....

영감 얻기

기도를 들어주리라는 확신은 예수님의 사랑에서 시작됩니다. 하지만 그분의 사랑과 우리에게 하신 약속을 우리가 얼마나 믿고 충실히 따르느냐에 따라 기도가 열매를 맺을지 결정됩니다.

―《함께 기도하는 밤》중에서

감사 기도하기

나의 치유 과정에 함께해 주시는 주님께 감사 기도 드리는 시간을 가집시다.

아멘.

58일차

주께 아뢰라.
"하느님은 내 요새, 나의 피난처, 나는 당신께 의탁하외다" 하고.
《시편과 아가》, 시편 91,2

나의 소중한 사람에게

사랑하는 사람들에게 감사하는 마음을 담은 편지를 써 보세요.

....
....
....
....

하느님께 말씀드리기

오늘 내 감정은 어떤가요? 내 마음의 소리를 가만히 잘 들어 보고, 하느님께 나 자신을 온전히 내어 맡깁시다.

....
....
....
....
....
....

Date   /   /

영감 얻기

그대가 진정으로 하느님을 사랑한다면, 가족이나 친구들과의 대화 중에도 자주 하느님에 대한 이야기를 꺼내십시오. 꿀벌이 작은 입으로 꿀 이외의 것은 거들떠보지 않듯이, 그대가 끊임없이 혀로 하느님의 거룩한 이름을 부르고 입술로 하느님의 거룩하심을 찬미하는 노래를 부른다면, 그보다 더 큰 행복이 없음을 깨닫게 될 것입니다.
─《신심 생활 입문》중에서

감사 기도하기

나의 치유 과정에 함께해 주시는 주님께 감사 기도 드리는 시간을 가집시다.

....
....
....
....
....
....
....

아멘.

59일차

나를 믿는 사람은 내가 하는 일을 할 뿐만 아니라,
그보다 더 큰 일도 하게 될 것이다. (요한 14,12)

나의 소중한 사람에게

사랑하는 사람들에게 감사하는 마음을 담은 편지를 써 보세요.

하느님께 말씀드리기

오늘 내 감정은 어떤가요? 내 마음의 소리를 가만히 잘 들어 보고, 하느님께 나 자신을 온전히 내어 맡깁시다.

영감 얻기

예수님은 당신의 사랑을 받아들이고 자신을 봉헌하며 당신에게 응답하는 모든 사람들에게 자신을 온전히 내어 주신다. 하지만 응답하지 않는 사람들에게는 당신을 분별없이 내어 주시지 않는다. 예수님은 진주를 돼지에게 던져 주시지 않으신다(마태 7,6 참조).
—《하느님, 도와주세요! 이 사람들 때문에 미치겠어요》 중에서

감사 기도하기

나의 치유 과정에 함께해 주시는 주님께 감사 기도 드리는 시간을 가집시다.

아멘.

60일차

> 그 옷자락 술에 그들이 손이라도 대게 해 주십사고 청하였다.
> 과연 그것에 손을 댄 사람마다 구원을 받았다. (마태 14,36)

◦ 나의 소중한 사람에게

사랑하는 사람들에게 감사하는 편지를 써 보세요.

◦ 하느님께 말씀드리기

오늘 내 감정은 어떤가요? 내 마음의 소리를 가만히 잘 들어 보고, 하느님께 나 자신을 온전히 내어 맡깁시다.

영감 얻기

만약 하느님께서 인내심을 가지고 우리가 당신 사랑의 부르심에 응답하기를 기다리신다면, 우리의 두려움을 하느님께 투영시키지 않는 한 어떻게 하느님을 폭군이나 복수심에 불타는 신으로 상상할 수 있겠는가? 하느님은 우리 영혼의 문 앞에서 구걸하고 계신다. 문을 열고 하느님을 안으로 초대할 수 있는 사람은 오직 우리 자신뿐이다.

―《주님과 함께하는 10일의 밤》 중에서

감사 기도하기

나의 치유 과정에 함께해 주시는 주님께 감사 기도 드리는 시간을 가집시다.

....
....
....
....
....
....
....

아멘.

하느님을 믿고, 스스로를 사랑하며, 쉼 없이 격려하는 일은
치유를 앞당기는 데 큰 도움이 됩니다.
또한 하느님과 이웃을 사랑하고,
하느님께서 창조한 모든 것을 사랑하는 마음을 갖는 것도
치유에 큰 도움이 됩니다.

자신을 격려하기

- 조용한 장소에서 기도하는 자세로 눈을 감습니다. 천천히 숨을 쉬면서 자신의 호흡에 집중해 보세요.
- 자신의 온몸을 상상하고 머리끝부터 발끝까지 긴장을 푼다고 생각해 보세요. 온몸이 따뜻하고 기분 좋게 축 늘어지는 모습을 상상합니다. 속으로 "편안하다"고 되뇌어 봅니다.
- 하느님께서 자신을 칭찬하고 자신에게 용기를 주는 모습을 떠올려 봅니다. 하느님께 감사하는 마음으로 그분이 우리에게 미소를 보내고 따뜻하게 안아 주시는 모습을 상상합니다. "주님, 저는 당신의 착한 자녀입니다.", "주님 사랑합니다."라고 반복합니다.
- 아픈 **부분**에 대고 "항상 노력해 줘서 고마워."라고 말합니다.
- 나를 사랑해 주신 주님께도 감사를 드립니다.
- 그 감정을 충분히 느낀 후 일상으로 돌아옵니다.

건강한 생활 습관을 실천해 봅시다.

체크 리스트

1	긍정적인 말은 힘을 북돋아 줍니다. ("나는 반드시 치유될 것이다." 하고 소리 내어 말하기)
2	내가 먹는 음식이 나의 몸을 만듭니다. (균형 잡힌 식단으로 식사하기)
3	사람도 광합성이 필요합니다. (햇빛을 받으며 30분 산책하기)
4	몸과 마음을 편하게 하는 시간을 가져 보세요. (따뜻한 물로 샤워하기)
5	잠은 건강과 행복에 중요한 역할을 합니다. (규직적인 수면 시간 지키기)
6	웃음은 행복으로 향하는 지름길입니다. (크게 소리 내어 웃어 보기)
7	인간은 사회적인 동물입니다. (주변 사람들과 가벼운 대화하기)

🌱 오늘 있었던 일 중 기뻤던 일을 적어 보세요.

61일차
....

62일차
....

63일차
....

64일차
....

65일차
....

61일차	62일차	63일차	64일차	65일차	66일차	67일차	68일차	69일차	70일차
☐	☐	☐	☐	☐	☐	☐	☐	☐	☐
☐	☐	☐	☐	☐	☐	☐	☐	☐	☐
☐	☐	☐	☐	☐	☐	☐	☐	☐	☐
☐	☐	☐	☐	☐	☐	☐	☐	☐	☐
☐	☐	☐	☐	☐	☐	☐	☐	☐	☐
☐	☐	☐	☐	☐	☐	☐	☐	☐	☐
☐	☐	☐	☐	☐	☐	☐	☐	☐	☐

🌱 **기록이 쌓일수록 점점 더 건강해지는 나 자신을 그려 볼 수 있습니다.**

66일차
....
67일차
....
68일차
....
69일차
....
70일차
....

61일차

> 그분의 거룩하신 이름을 자랑하여라.
> 주님을 찾는 이들의 마음은 기뻐하여라.
> 주님과 그 권능을 구하여라. 언제나 그 얼굴을 찾아라. (1역대 16,10-11)

자신을 격려하기

오늘은 나를 칭찬하는 말을 한 가지 이상 써 보세요.

하느님께 말씀드리기

오늘 내 감정은 어떤가요? 내 마음의 소리를 가만히 잘 들어 보고, 하느님께 나 자신을 온전히 내어 맡깁시다.

영감 얻기

온갖 상황과 환경이 우리를 좌절시키려고 위협할 때, 길을 잃고 온갖 활동에 무슨 의미가 있는지 의아해할 때, 우리는 희망에 놀랍고도 강력한 힘이 있음을 깨달아야 합니다. 희망은 바깥에 있지 않고 삶 속에 있습니다. 희망은 우리 안에 가지고 다니는 것입니다. 하느님이 우리 한 사람 한 사람 안에서 하시는 일을 신뢰할 때, 희망의 작은 불꽃은 활활 타오르는 불길이 될 수 있습니다.
—《프란치스코 교황이 초대하는 이달의 묵상: 희망》중에서

감사 기도하기

나의 치유 과정에 함께해 주시는 주님께 감사 기도 드리는 시간을 가집시다.

....
....
....
....
....
....
....

아멘.

62일차

이스라엘의 하느님께서 당신이 드린 청을 들어주실 것이오.

(1사무 1,17)

자신을 격려하기

오늘은 나를 칭찬하는 말을 한 가지 이상 써 보세요.

하느님께 말씀드리기

오늘 내 감정은 어떤가요? 내 마음의 소리를 가만히 잘 들어 보고, 하느님께 나 자신을 온전히 내어 맡깁시다.

영감 얻기

당신이 정서적, 육체적 고통 속에 있는 저와 함께 걷고 계심을 느끼며 더 굳건한 믿음을 청합니다. 담담하게 떠나보냄을 몸소 보여 주는 이들을 보곤 합니다. 그들이 지닌 용기를 축복하시고 저에게도 나눠 주소서. 그리하여 저 역시 다른 이들과 함께 떠나보냄을 나누며 서로가 서로에게 축복이 될 수 있게 해 주소서.
—《성모님과 암을 이겨 내기》중에서

감사 기도하기

나의 치유 과정에 함께해 주시는 주님께 감사 기도 드리는 시간을 가집시다.

아멘.

63일차

주님을 언제나 내 앞에 모시오니,
내 오른편에 계시옵기, 흔들리지 않으오리다.
그러기에 내 마음 즐겁고, 영혼은 봄놀고,
육신마저 편안히 쉬오리니.《시편과 아가》, 시편 16,8-9)

○ 자신을 격려하기

오늘은 나를 칭찬하는 말을 한 가지 이상 써 보세요.

○ 하느님께 말씀드리기

오늘 내 감정은 어떤가요? 내 마음의 소리를 가만히 잘 들어 보고, 하느님께 나 자신을 온전히 내어 맡깁시다.

영감 얻기

우리가 예수님의 비유를 읽고, 그 뜻을 이해하려 애쓴다면, 자신에 대한 생각뿐만 아니라 하느님에 대한 생각도 바뀔 것입니다. 이처럼 우리에게 새롭게 선사된 시각을 통해 우리는 자신이 치유되고 한층 더 자유로워지며, 더 희망이 넘치고 강해졌다는 것을 느끼게 될 것입니다.

— 《내 마음의 주치의》 중에서

감사 기도하기

나의 치유 과정에 함께해 주시는 주님께 감사 기도 드리는 시간을 가집시다.

아멘.

64일차

> 그분에게서 오는 믿음이 여러분 모두 앞에서
> 이 사람을 완전히 낫게 해 주었습니다. (사도 3,16)

자신을 격려하기

오늘은 나를 칭찬하는 말을 한 가지 이상 써 보세요.

....

....

하느님께 말씀드리기

오늘 내 감정은 어떤가요? 내 마음의 소리를 가만히 잘 들어 보고, 하느님께 나 자신을 온전히 내어 맡깁시다.

⦿ 영감 얻기

우리는 감사하는 마음으로 일상적인 일을 행해야 합니다. 우리는 오로지 감사 안에서만 변화와 치유의 기적을 알아차릴 수 있습니다. 우리에게 감사하는 마음이 없다면, 우리는 자기 자신에게 만족하지 못하고, 순수하지 못하며, 무언가 잘못되었다고 느끼던 예전의 생활 방식으로 되돌아가게 됩니다. 감사하는 마음으로 일상적인 일들을 수행하는 가운데 내적인 변화를 알아차리는 것이 우리가 치유되는 길이라고 예수님은 말씀하십니다.
―《내 마음의 주치의》 중에서

⦿ 감사 기도하기

나의 치유 과정에 함께해 주시는 주님께 감사 기도 드리는 시간을 가집시다.

....

....

....

....

....

....

아멘.

65일차

당신은 내 피난처, 곤경에서 나를 지켜 주시고,
구원의 기쁨으로 나를 휘감아 주시리이다. 《시편과 아가》, 시편 32,7

∶ 자신을 격려하기

오늘은 나를 칭찬하는 말을 한 가지 이상 써 보세요.

∶ 하느님께 말씀드리기

오늘 내 감정은 어떤가요? 내 마음의 소리를 가만히 잘 들어 보고, 하느님께 나 자신을 온전히 내어 맡깁시다.

영감 얻기

네가 작정한 결심과 뜻을 기억하고 그리스도께서 십자가에 못 박히신 것을 생각하라. 그리스도의 일생을 생각해 보아라. 주님의 거룩한 일생과 수난을 주의를 기울여 정성껏 묵상하는 수도자는 그 묵상 가운데 모든 유익하고 필요한 것을 풍성하게 얻을 것이며, 예수님 외에 다른 더 좋은 무언가를 찾을 필요를 느끼지 않을 것이다.

―《준주성범》 중에서

감사 기도하기

나의 치유 과정에 함께해 주시는 주님께 감사 기도 드리는 시간을 가집시다.

아멘.

66일차

고생하며 무거운 짐을 진 너희는 모두 나에게 오너라.
내가 너희에게 안식을 주겠다. (마태 11,28)

∘ **자신을 격려하기**

오늘은 나를 칭찬하는 말을 한 가지 이상 써 보세요.

∘ **하느님께 말씀드리기**

오늘 내 감정은 어떤가요? 내 마음의 소리를 가만히 잘 들어 보고, 하느님께 나 자신을 온전히 내어 맡깁시다.

○ **영감 얻기**

하늘의 성인들도 우리를 위하여 기도한다. 이 사실은 성경이 증거한다. 전능하신 주께서 죄악의 도시 소돔과 고모라를 멸하려 하실 때 성조 아브라함이 그 도시를 위하여 하느님께 간절히 기도하자 하느님께서는 의인 열 명만 있으면 멸망시키지 않겠다고 하셨다.

―《교부들의 신앙》 중에서

○ **감사 기도하기**

나의 치유 과정에 함께해 주시는 주님께 감사 기도 드리는 시간을 가집시다.

....
....
....
....
....
....
....
....

아멘.

67일차

그분께서는 과연 그 큰 죽음의 위험에서
우리를 구해 주셨고 앞으로도 구해 주실 것입니다.
이렇게 우리는 하느님께서 또다시 구해 주시리라고 희망합니다.

(2코린 1,10)

○ 자신을 격려하기

오늘은 나를 칭찬하는 말을 한 가지 이상 써 보세요.

○ 하느님께 말씀드리기

오늘 내 감정은 어떤가요? 내 마음의 소리를 가만히 잘 들어 보고, 하느님께 나 자신을 온전히 내어 맡깁시다.

영감 얻기

우리는 서로 기도를 청하는 경우가 많다. 때로는 위기 때문에, 때로는 받은 선물에 감사하는 마음으로 기도를 청한다. 또는 자신을 위해 기도해 달라고 우리에게 청하는 이들도 있다. 물론 우리 삶에는 기도할 수 없는 때도 있다. 정신적, 육체적 고통 때문에 믿음이 약해지거나, 하느님께로 마음을 들어 올리려 해도 마음을 진정시킬 수 없는 때가 있다. 하지만 우리는 알게 모르게 많은 사람들의 기도 명단에 들어가 있다. 사람들에게서 "당신을 위해 기도하고 있어요."라는 말을 듣는 게 얼마나 큰 은총인지 모른다.

―《성모님과 암을 이겨 내기》중에서

감사 기도하기

나의 치유 과정에 함께해 주시는 주님께 감사 기도 드리는 시간을 가집시다.

....
....
....
....
....
....
....

아멘.

68일차

두려워하지 말고 믿기만 하여라.

(마르 5,36)

자신을 격려하기

오늘은 나를 칭찬하는 말을 한 가지 이상 써 보세요.

하느님께 말씀드리기

오늘 내 감정은 어떤가요? 내 마음의 소리를 가만히 잘 들어 보고, 하느님께 나 자신을 온전히 내어 맡깁시다.

영감 얻기

"저는 희망합니다. 왜냐하면 하느님께서 제 곁에 계시기 때문입니다." 우리 모두는 그렇게 말할 수 있습니다. 우리 각자는 이렇게 말할 수도 있습니다. "저는 희망합니다. 제게는 희망이 있습니다. 왜냐하면 하느님께서 저와 함께 걷기 때문입니다." 그분은 친히 제 손을 잡고 여정을 가십니다. 그분은 우리를 홀로 버려두지 않으십니다.

—《그래도 희망》 중에서

감사 기도하기

나의 치유 과성에 함께해 주시는 주님께 감사 기도 드리는 시간을 가집시다.

....
....
....
....
....
....
....
아멘.
....

69일차

주님은 하늘로서 인간을 굽어보시도다.

《시편과 아가》, 시편 14,2

○ **자신을 격려하기**

오늘은 나를 칭찬하는 말을 한 가지 이상 써 보세요.

....

....

○ **하느님께 말씀드리기**

오늘 내 감정은 어떤가요? 내 마음의 소리를 가만히 잘 들어 보고, 하느님께 나 자신을 온전히 내어 맡깁시다.

....

....

....

....

....

....

....

영감 얻기

'겸손'은 우리를 '평온한 마음'으로 이끕니다. 자신을 있는 모습 그대로 받아들일 용기를 갖게 하고, 변화해야 한다는 압박감에 더 이상 사로잡히지 않게 합니다. 나는 있는 그대로 나인 채로 괜찮습니다. 하느님이 내 안에 있는 것을 재료로, 나의 본성과 맞는 나무를 꽃피우실 것을 저는 믿어 의심치 않습니다.
─《딱! 알맞게 살아가는 법》중에서

감사 기도하기

나의 치유 과정에 함께해 주시는 주님께 감사 기도 드리는 시간을 가집시다.

아멘.

70일차

나무에게도 희망이 있습니다.
잘린다 해도 움이 트고 싹이 그치지 않습니다. (욥 14,7)

∶ 자신을 격려하기

오늘은 나를 칭찬하는 말을 한 가지 이상 써 보세요.

∶ 하느님께 말씀드리기

오늘 내 감정은 어떤가요? 내 마음의 소리를 가만히 잘 들어 보고, 하느님께 나 자신을 온전히 내어 맡깁시다.

영감 얻기

그분과 함께 고통을 겪는 사람들은 행복한 것입니다. 고통을 당하는 데 익숙해지고, 하느님께서 주시는 모든 고통을 그분께서 필요하다고 생각하시는 한, 견디기 위한 힘을 달라고 기도하십시오. 질병이 하느님의 손에서 나오는 것이며 그분 자비의 결과요, 그분께서 자신들의 구원을 위해 사용하시는 도구라 여기는 이들은 거기에서 크나큰 위로와 기쁨을 맛봅니다.
—《하느님의 현존 연습》 중에서

감사 기도하기

나의 치유 과정에 함께해 주시는 주님께 감사 기도 드리는 시간을 가집시다.

．．

．．

．．

．．

．．

．．

．．

아멘.

하루에 얼마라도 하느님께 집중하고
그분의 말씀을 들으려고 귀 기울이면
마음이 점차 안정되고 평화로워지게 됩니다.
주님께서는 우리 불안과 두려움을 줄여 주시며
부정적인 생각을 없애 주십니다.

기도에 몰입하기

- 조용한 장소에서 기도하는 자세로 눈을 감습니다. 천천히 숨을 쉬면서 자신의 호흡에 집중해 보세요.
- 자신의 온몸을 상상하고 머리끝부터 발끝까지 긴장을 푼다고 생각해 보세요. 온몸이 따뜻하고 기분 좋게 축 늘어지는 모습을 상상합니다. 주님께서 손을 뻗어 긴장과 불편함을 모두 없애 주심을 상상합니다. 속으로 "편안하다"고 되뇌어 봅니다.
- 주님께서 바로 곁에 계심을 떠올려 봅니다. 모든 생각을 멈추고 주님의 현존에만 집중해 봅니다.
- 이러한 시간을 마련해 주신 주님께 감사를 드립니다.
- 감사하는 마음을 품고 일상으로 돌아옵니다.

건강한 생활 습관을 실천해 봅시다.

체크 리스트

1	긍정적인 말은 힘을 북돋아 줍니다. ("나는 반드시 치유될 것이다." 하고 소리 내어 말하기)
2	내가 먹는 음식이 나의 몸을 만듭니다. (균형 잡힌 식단으로 식사하기)
3	사람도 광합성이 필요합니다. (햇빛을 받으며 30분 산책하기)
4	몸과 마음을 편하게 하는 시간을 가져 보세요. (따뜻한 물로 샤워하기)
5	잠은 건강과 행복에 중요한 역할을 합니다. (규칙적인 수면 시간 지키기)
6	웃음은 행복으로 향하는 지름길입니다. (크게 소리 내어 웃어 보기)
7	인간은 사회적인 동물입니다. (주변 사람들과 가벼운 대화하기)

🌱 오늘 있었던 일 중 기뻤던 일을 적어 보세요.

71일차 ....

72일차 ....

73일차 ....

74일차 ....

75일차 ....

71일차	72일차	73일차	74일차	7일차	76일차	77일차	78일차	79일차	80일차
☐	☐	☐	☐	☐	☐	☐	☐	☐	☐
☐	☐	☐	☐	☐	☐	☐	☐	☐	☐
☐	☐	☐	☐	☐	☐	☐	☐	☐	☐
☐	☐	☐	☐	☐	☐	☐	☐	☐	☐
☐	☐	☐	☐	☐	☐	☐	☐	☐	☐
☐	☐	☐	☐	☐	☐	☐	☐	☐	☐
☐	☐	☐	☐	☐	☐	☐	☐	☐	☐

🌱 기록이 쌓일수록 점점 더 건강해지는 나 자신을 그려 볼 수 있습니다.

76일차
....
77일차
....
78일차
....
79일차
....
80일차
....

71일차

> 야훼님, 내 말씀 들어 주소서.
> 귀여겨 이 속삭임 들어 주소서.
> 내 임금님 내 하느님이시여,
> 흐느끼는 이 소리를 굽어 들으소서 — 《시편과 아가》, 시편 5,2-3

· 기도하기

주님께서 내게 해 주시는 말씀이 무엇인지 잘 들어 보세요. 그분께서는 무슨 이야기를 하고 계신가요?

· 하느님께 말씀드리기

오늘 내 감정은 어떤가요? 내 마음의 소리를 가만히 잘 들어 보고, 하느님께 나 자신을 온전히 내어 맡깁시다.

◦ 영감 얻기

아무리 바빠도 짧은 기도를 하는 법을 익힙시다. 극히 예외적인 경우가 아니라면 기도를 빼먹지 않는 습관을 들입시다. 아침에 일어나서 하느님 앞에 무릎을 꿇고, 흠숭하는 마음으로 십자 성호를 그으며, 그날의 모든 일에 강복해 달라고 간청하십시오.

─《가시 속의 장미》중에서

◦ 감사 기도하기

나의 치유 과정에 함께해 주시는 주님께 감사 기도 드리는 시간을 가집시다.

아멘.

72일차

하느님, 내 마음을 깨끗이 만드시고,
내 안에 굳센 정신을 새로 하소서.《시편과 아가》, 시편 51,12

기도하기

주님께서 내게 해 주시는 말씀이 무엇인지 잘 들어 보세요. 그분께서는 무슨 이야기를 하고 계신가요?

하느님께 말씀드리기

오늘 내 감정은 어떤가요? 내 마음의 소리를 가만히 잘 들어 보고, 하느님께 나 자신을 온전히 내어 맡깁시다.

영감 얻기

기도하는 사람은 기도 안에서 현실 전체를 보는 눈을 갖게 됩니다. 현실을 견뎌 낼 힘을 하느님께 받게 되는 것이지요. 기도란 결코 아무 노력 없이 무조건 하느님께 자신이 겪는 상황을 변화시켜 달라고 조르는 것도 아니요, 하느님의 사랑에 기뻐하며 감사드리는 행복감에 도취되어 안주하는 것도 아닙니다. 기도는 우리가 어떻게 하느님의 뜻에 따라 삶을 그분 안에서 꾸며 나갈 수 있는지 깨닫고 또 그렇게 살아갈 힘을 얻는 순간입니다.

―《함께 기도하는 밤》 중에서

감사 기도하기

나의 치유 과정에 함께해 주시는 주님께 감사 기도 드리는 시간을 가집시다.

....

....

....

....

....

....

....

아멘.

73일차

> 행복하여라, 가난한 사람들! 하느님의 나라가 너희 것이다.
> 행복하여라, 지금 굶주리는 사람들! 너희는 배부르게 될 것이다.
> 행복하여라, 지금 우는 사람들! 너희는 웃게 될 것이다. (루카 6,20-21)

◦ 기도하기

주님께서 내게 해 주시는 말씀이 무엇인지 잘 들어 보세요. 그분께서는 무슨 이야기를 하고 계신가요?

◦ 하느님께 말씀드리기

오늘 내 감정은 어떤가요? 내 마음의 소리를 가만히 잘 들어 보고, 하느님께 나 자신을 온전히 내어 맡깁시다.

영감 얻기

매일 우리의 뜻한 바를 새롭게 하고 열정을 가지며, 다음과 같이 하느님께 기도해야 할 것이다. "주 하느님, 제 뜻한 바를 행하고 당신을 섬기는 이 거룩한 일을 잘 할 수 있도록 저를 도와주소서. 또 제가 오늘까지 한 것은 아무것도 아니오니, 오늘 이제 완전히 시작하는 은혜를 주소서."
―《준주성범》 중에서

감사 기도하기

나의 치유 과정에 함께해 주시는 주님께 감사 기도 드리는 시간을 가집시다.

....
....
....
....
....
....
....
....

아멘.

74일차

재판관은 한동안 들어주려고 하지 않다가 마침내 속으로 말하였다.
'나는 하느님도 두려워하지 않고 사람도 대수롭지 않게 여기지만,
저 과부가 나를 이토록 귀찮게 하니
그에게는 올바른 판결을 내려 주어야겠다.'(루카 18,4-5)

기도하기

주님께서 내게 해 주시는 말씀이 무엇인지 잘 들어 보세요. 그분께서는 무슨 이야기를 하고 계신가요?

하느님께 말씀드리기

오늘 내 감정은 어떤가요? 내 마음의 소리를 가만히 잘 들어 보고, 하느님께 나 자신을 온전히 내어 맡깁시다.

영감 얻기

기도는 하느님에게 무엇을 구하고자 청원하는 것이 아니라, 하느님이 우리에게 주고자 하는 것을 받아들이는 것이다. 우리가 말하는 것을 하느님에게 들어 달라고 하는 것이 아니라, 하느님이 우리를 위해 하시는 기도를 성취시켜 드리는 일인 것이다. 하느님에게 용서를 청하는 것이 아니라, 마음을 열고 하느님이 용서해 주시는 것을 받아들이는 것이다. 우리가 자신을 하느님에게 봉헌하는 것이 아니라, 하느님이 당신 스스로를 우리에게 내어주시는 것을 기쁘게 영접해 드리는 것이다.
—《사람에게 비는 하느님》중에서

감사 기도하기

나의 치유 과정에 함께해 주시는 주님께 감사 기도 드리는 시간을 가집시다.

....
....
....
....
....
....

아멘.

75일차

내가 너희에게 말한다.
너희가 기도하며 청하는 것이 무엇이든 그것을 이미 받은 줄로 믿어라.
그러면 너희에게 그대로 이루어질 것이다. (마르 11,24)

기도하기

주님께서 내게 해 주시는 말씀이 무엇인지 잘 들어 보세요. 그분께서는 무슨 이야기를 하고 계신가요?

....
....

하느님께 말씀드리기

오늘 내 감정은 어떤가요? 내 마음의 소리를 가만히 잘 들어 보고, 하느님께 나 자신을 온전히 내어 맡깁시다.

....
....
....
....
....
....
....

영감 얻기

네가 너 자신을 살펴보면 이 같은 일 가운데 하나라도 네 힘으로 할 수 있는 것이 없다는 것을 알 것이다. 그러나 하느님께 간절히 구하면 하늘로부터 그런 용기가 내릴 것이며 세상과 육신이 네 앞에 무릎을 꿇을 것이다. 그리고 신앙의 무기로 무장하고 그리스도 십자가의 기만 들었다면 원수인 마귀도 두려울 것이 없을 것이다.
―《준주성범》중에서

감사 기도하기

나의 치유 과정에 함께해 주시는 주님께 감사 기도 드리는 시간을 가집시다.

아멘.

76일차

> 그때에 우리 입은 웃음이 가득하고,
> 흥겨운 노랫가락 혀에 넘쳤나이다.
> 그때에 이방인이 이르기를
> "하느님이 저들에게 큰일을 해 주셨다." 《시편과 아가》, 시편 126,2

기도하기

주님께서 내게 해 주시는 말씀이 무엇인지 잘 들어 보세요. 그분께서는 무슨 이야기를 하고 계신가요?

하느님께 말씀드리기

오늘 내 감정은 어떤가요? 내 마음의 소리를 가만히 잘 들어 보고, 하느님께 나 자신을 온전히 내어 맡깁시다.

영감 얻기

복음에서 예수님께서는 당신에게 치유를 간청했던 많은 이의 기도를 들어주셨고 지금도 우리의 청을 들어주고 계십니다. 기도를 들어주시리라는 확신은 하느님께서 우리에게 베푸신 은총으로 가능합니다. 하지만 이 은총이 우리 안에 열매를 맺기 위해서는 분명히 기도가 이루어지리라 굳건히 믿고 인내하며 기다리는 마음가짐이 필요합니다.

—《함께 기도하는 밤》중에서

감사 기도하기

나의 치유 과정에 함께해 주시는 주님께 감사 기도 드리는 시간을 가집시다.

....
....
....
....
....
....
....
아멘.

77일차

주님을 나는 사랑하노라,
당신은 애원하는 소리를 들어 주시고
내 당신을 부르던 그 날,
당신의 귀를 기울여 주셨음이로다. 《시편과 아가》, 시편 116,1-2)

기도하기

주님께서 내게 해 주시는 말씀이 무엇인지 잘 들어 보세요. 그분께서는 무슨 이야기를 하고 계신가요?

하느님께 말씀드리기

오늘 내 감정은 어떤가요? 내 마음의 소리를 가만히 잘 들어 보고, 하느님께 나 자신을 온전히 내어 맡깁시다.

영감 얻기

하느님의 현존에 모든 것을 내맡겨 드리는 신뢰가 있을 때, 가장 좋은 기도를 바칠 수 있습니다. 이는 우리가 하느님의 말씀을 듣고 하느님이 우리의 말을 들어 주시는 때이며, 말이 필요 없을 만큼 마음과 마음이 합쳐지는 자리입니다.

―《프란치스코 교황이 초대하는 이달의 묵상: 기도》 중에서

감사 기도하기

나의 치유 과정에 함께해 주시는 주님께 감사 기도 드리는 시간을 가집시다.

....
....
....
....
....
....
....
....
....

아멘.

78일차

> 곤경 속에서 그들이 야훼께 부르짖을 때,
> 당신은 그 고생을 면하여 주셨도다.
> 캄캄한 어둠 속에서 그들을 이끌어 내시고,
> 그들의 쇠사슬을 끊어 주시었도다. 《시편과 아가》, 시편 107,13-14

◦ 기도하기

주님께서 내게 해 주시는 말씀이 무엇인지 잘 들어 보세요. 그분께서는 무슨 이야기를 하고 계신가요?

....
....

◦ 하느님께 말씀드리기

오늘 내 감정은 어떤가요? 내 마음의 소리를 가만히 잘 들어 보고, 하느님께 나 자신을 온전히 내어 맡깁시다.

....
....
....
....
....
....
....

Date   /   /

○ 영감 얻기

분명 우리는 하느님께서 우리 청을 내버려두지 않으심을 믿습니다. 하지만 우리 청보다 우리에게 필요한 것을 주시는 아버지께서는 그분께서 원하시는 때와 방법으로 기도를 이뤄 주신다는 사실을 기억해야 합니다. 이 믿음과 사랑, 희망 안에서 기도라는 무기를 닦지 않는다면 수많은 유혹 앞에서 승리할 수 없습니다.
―《함께 기도하는 밤》중에서

○ 감사 기도하기

나의 치유 과정에 함께해 주시는 주님께 감사 기도 드리는 시간을 가집시다.

....
....
....
....
....
....
....
....

아멘.

79일차

> 네 즐거움일랑 주님께 두라,
> 네 마음이 구하는 바를 당신이 주시리라.
> 네 앞길 주께 맡기고 그를 믿어라,
> 몸소 당신이 해 주시리라. 《시편과 아가》, 시편 37,4-5

기도하기

주님께서 내게 해 주시는 말씀이 무엇인지 잘 들어 보세요. 그분께서는 무슨 이야기를 하고 계신가요?

하느님께 말씀드리기

오늘 내 감정은 어떤가요? 내 마음의 소리를 가만히 잘 들어 보고, 하느님께 나 자신을 온전히 내어 맡깁시다.

◦ 영감 얻기

평상시에는 대부분 즐거움에 가득 차거나 절망에 빠져 있지 않고 특별한 느낌 없이 무덤덤할 때가 많습니다. 그럴 때에도 자연스럽게 우러나오는 기도를 할 수 있다고 생각한다면 이는 유아적인 환상에 젖어 있는 것입니다. 이럴 때에는 의식적으로 기도하려는 마음을 가지고 있어야 합니다. 많은 사람들이 자신이 하는 말이나 기도문을 감정적으로 강렬하게 느낄 수 없으면 진실하지 않다고 느낍니다. 이는 사실이 아닙니다.

―《기도의 체험》중에서

◦ 감사 기도하기

나의 치유 과정에 함께해 주시는 주님께 감사 기도 드리는 시간을 가집시다.

....
....
....
....
....
....

아멘.

80일차

보라, 가엾은 이 부르짖음을 주께서 들으시고,
그 모든 근심 걱정을 씻어 주셨도다.《시편과 아가》, 시편 34,7

기도하기

주님께서 내게 해 주시는 말씀이 무엇인지 잘 들어 보세요. 그분께서는 무슨 이야기를 하고 계신가요?

하느님께 말씀드리기

오늘 내 감정은 어떤가요? 내 마음의 소리를 가만히 잘 들어 보고, 하느님께 나 자신을 온전히 내어 맡깁시다.

Date   /   /

영감 얻기

주님, 당신 대전에서 총애받기를 간절히 청하오니, 본성이 원하는 그 모든 것을 하나도 얻지 못한다 하더라도, 당신 '은총을 넉넉히 받았습니다.'라고 할 수 있으면 됩니다. 당신 은총만 제게 있으면, 시련을 겪고 곤란으로 괴로워도 두렵지 않습니다.
— 《준주성범》 중에서

감사 기도하기

나의 치유 과정에 함께해 주시는 주님께 감사 기도 드리는 시간을 가집시다.

....
....
....
....
....
....
....
....
....

아멘.

기도하기 가장 좋은 시간은 기상 직후와 취침 전입니다.
주님께 집중하기 가장 좋은 시간이기 때문입니다.
물론 이 시간이 아니더라도 언제라도 기도를 할 수 있습니다.
처음에는 너무 오래 하려고 욕심 내지 않는 것이 좋습니다.
익숙해지면 기도하는 시간은 천천히 늘어나게 됩니다.

치유를 위해 기도하는 방법

- 조용한 장소에서 기도하는 자세로 눈을 감습니다. 천천히 숨을 쉬면서 자신의 호흡에 집중해 보세요.
- 온몸이 따뜻하고 기분 좋게 축 늘어지는 모습을 상상합니다. 주님께서 긴장과 불편함을 모두 없애 주심을 상상합니다.
- 주님께서 바로 곁에 계심을 떠올려 봅니다. 모든 생각을 멈추고 주님의 현존에만 집중해 봅니다.
- 주님에게서 나온 사랑의 빛이 가슴을 채우는 상상을 해 보세요. 그 빛이 온몸으로 퍼져 결국 온 세상을 가득 채우는 것을 상상해 보세요.
- 사랑하는 사람에 대한 기억, 그리고 사랑으로 가득 찬 기억을 떠올려 보세요. 그때 감정이 마음속에 가득 참을 느껴 보세요. 이러한 느낌 속에서 "주님, 사랑합니다."라는 말을 반복합니다.
- 주님께서 아픈 곳을 치유해 주시는 모습을 상상합니다. 치유된 자신의 모습을 상상합니다. 활기찬 자신의 모습을 떠올립니다.
- 치유되어 기뻐하는 모습을 떠올립니다. 그 기쁨에 잠겨 봅니다.
- 주변 사람들과 서로 축하하는 모습을 상상합니다.
- 평화와 행복을 주신 주님께 감사를 드립니다. "주님, 건강을 되찾게 해 주셔서 감사드립니다.", "저희에게 행복을 주셔서 감사합니다."라고 반복하여 기도합니다.
- 감사하는 마음에 깊이 머물렀다가 일상으로 돌아옵니다.

건강한 생활 습관을 실천해 봅시다.

체크 리스트

1	긍정적인 말은 힘을 북돋아 줍니다. ("나는 반드시 치유될 것이다." 하고 소리 내어 말하기)
2	내가 먹는 음식이 나의 몸을 만듭니다. (균형 잡힌 식단으로 식사하기)
3	사람도 광합성이 필요합니다. (햇빛을 받으며 30분 산책하기)
4	몸과 마음을 편하게 하는 시간을 가져 보세요. (따뜻한 물로 샤워하기)
5	잠은 건강과 행복에 중요한 역할을 합니다. (규직적인 수면 시간 지키기)
6	웃음은 행복으로 향하는 지름길입니다. (크게 소리 내어 웃어 보기)
7	인간은 사회적인 동물입니다. (주변 사람들과 가벼운 대화하기)

🌱 오늘 있었던 일 중 기뻤던 일을 적어 보세요.

81일차

82일차

83일차

84일차

85일차

81일차	82일차	83일차	84일차	85일차	86일차	87일차	88일차	89일차	90일차
☐	☐	☐	☐	☐	☐	☐	☐	☐	☐
☐	☐	☐	☐	☐	☐	☐	☐	☐	☐
☐	☐	☐	☐	☐	☐	☐	☐	☐	☐
☐	☐	☐	☐	☐	☐	☐	☐	☐	☐
☐	☐	☐	☐	☐	☐	☐	☐	☐	☐
☐	☐	☐	☐	☐	☐	☐	☐	☐	☐
☐	☐	☐	☐	☐	☐	☐	☐	☐	☐

> **기록이 쌓일수록 점점 더 건강해지는 나 자신을 그려 볼 수 있습니다.**
>
> 86일차
> ....
> 87일차
> ....
> 88일차
> ....
> 89일차
> ....
> 90일차
> ....

81일차

주여 당신의 길을 내게 보여 주시고,
당신의 지름길을 가르쳐 주소서.
당신은 나를 구하시는 하느님이시니,
당신의 진리 안을 걷게 하시고,
그 가르치심을 내려 주소서. (《시편과 아가》, 시편 25,4-5)

⁌ 치유를 위한 기도 드리기

주변 사람들과 함께할 긴 시간을 떠올려 보면서 고통과 두려움 없는 세상, 간절한 소망이 이루어지는 평화롭고 아름다운 삶 속에 자신을 놓아 보세요. 그리고 이런 일이 이루어질 수 있길 희망하며 주님께 기도를 바칩시다.

⁌ 하느님께 말씀드리기

오늘 내 감정은 어떤가요? 내 마음의 소리를 가만히 잘 들어 보고, 하느님께 나 자신을 온전히 내어 맡깁시다.

영감 얻기

나병을 앓던 사람이 다가와 무릎을 꿇었을 때, 예수님은 가엾은 마음에 손을 내밀어 그에게 대셨다. 그것은 하느님이 사랑의 손길로 사람을 어루만지는 순간이다. 천지의 창조주가 그 고귀한 손길로 사람을 어루만지고 몸을 정화하며 영혼을 되살려 그 사람을 축복해 주시는 행복한 순간이다. 하느님은 어루만져 주시는 분이다. 예수님의 손에서 행복이 실현된다는 이 복음을 우리는 반드시 들어야 한다.

─《내 마음 춤추다》 중에서

감사 기도하기

나의 치유 과정에 함께해 주시는 주님께 감사 기도 드리는 시간을 가집시다.

....
....
....
....
....

아멘.

82일차

주님을 찬미하여라. 영원히 그분을 찬송하고 드높이 찬양하여라.
그분께서 우리를 저승에서 구해 주시고
죽음의 손아귀에서 구원하셨으며
불길이 타오르는 가마에서 건져 내시고 불 속에서 건져 내셨다.

(다니 3,88)

○ 치유를 위한 기도 드리기

주님께서 손을 뻗어 어떠한 어려움도 모두 없애 주시는 것을 상상해 보세요. 그리고 주님께서 그렇게 해 주심에 감사드립시다.

○ 하느님께 말씀드리기

오늘 내 감정은 어떤가요? 내 마음의 소리를 가만히 잘 들어 보고, 하느님께 나 자신을 온전히 내어 맡깁시다.

Date   /   /

영감 얻기

치유의 스승님은 치유를 받은 사람들이 이 기쁜 소식을 계속 전하며 희망의 새로운 가능성을 확실히 간직할 수 있게 해 주십니다. 우리가 예수님을 동반자로 모실 때, 치유는 계속되고 깊어집니다.

―《프란치스코 교황이 초대하는 이달의 묵상: 치유》 중에서

감사 기도하기

나의 치유 과정에 함께해 주시는 주님께 감사 기도 드리는 시간을 가집시다.

....
....
....
....
....
....
....
....

아멘.

83일차

> 인간이 인간에게 화를 품고서 주님께 치유를 구할 수 있겠느냐?
>
> (집회 28,3)

치유를 위한 기도 드리기

주님께서 항상 당신 곁에 계신다는 것을 잊지 마세요. 힘든 순간 주님께서 어디 계신지 눈을 감고 확인해 보세요. 그리고 힘들고 아픈 일 모두를 주님께 바칩시다.

하느님께 말씀드리기

오늘 내 감정은 어떤가요? 내 마음의 소리를 가만히 잘 들어 보고, 하느님께 나 자신을 온전히 내어 맡깁시다.

영감 얻기

눈먼 이를 보게 해 주신 예수님의 치유를 떠올려 봅니다. 그것은 치유가 이루어지는 모든 차원을 보여 주는 분명한 본보기입니다. 신체의 치유인 시력 회복만을 보았던 바리사이들과는 달리, 눈을 뜨게 된 그 사람은 자신의 눈만이 아니라 마음으로 더 깊이 완전하게 보게 되었습니다. 그리스도의 빛에 우리 자신을 여는 것은 어디를 가든 하느님의 한결같은 자비에 대한 기쁜 소식을 전하며 살아가겠다는 각오를 하는 것입니다. 우리가 그러한 마음가짐으로 살면 이 은총은 우리 안에서 엄청난 열매를 맺을 것입니다.

―《프란치스코 교황이 초대하는 이달의 묵상: 치유》중에서

감사 기도하기

나의 치유 과정에 함께해 주시는 주님께 감사 기도 드리는 시간을 가집시다.

아멘.

84일차

> 너의 빛이 새벽빛처럼 터져 나오고 너의 상처가 곧바로 아물리라.
> 너의 의로움이 네 앞에 서서 가고 주님의 영광이 네 뒤를 지켜 주리라.
>
> (이사 58,8)

치유를 위한 기도 드리기

모든 생각을 멈추고 주님의 현존에만 집중해 보세요. 주님은 항상 당신 곁에 계십니다. 주님께 어떠한 말씀을 드릴 것인지 묵상해 봅시다.

하느님께 말씀드리기

오늘 내 감정은 어떤가요? 내 마음의 소리를 가만히 잘 들어 보고, 하느님께 나 자신을 온전히 내어 맡깁시다.

영감 얻기

우리는 일반적으로 시련을 하느님의 벌로 해석한다. 하지만 이는 오해다. 예수님은 이를 명확히 밝히시고자 했다. 이 세상에 하느님께서 주시는 벌이란 없다. 오히려 우리가 하느님의 생명과 사랑의 충만함 안으로 들어가는 데 방해되는 것들을 치유해야 한다.

―《열매와 은사》 중에서

감사 기도하기

나의 치유 과정에 함께해 주시는 주님께 감사 기도 드리는 시간을 가집시다.

....

....

....

....

....

....

....

....

....

아멘.

85일차

> 주님께서 늘 너를 이끌어 주시고
> 메마른 곳에서도 네 넋을 흡족하게 하시며
> 네 뼈마디를 튼튼하게 하시리라.
> 그러면 너는 물이 풍부한 정원처럼,
> 물이 끊이지 않는 샘터처럼 되리라. (이사 58,11)

◦ 치유를 위한 기도 드리기

주님에게서 나온 사랑의 빛이 당신의 가슴으로 스며드는 것을 상상해 보세요. 그 빛은 가슴에서부터 퍼져 우리 온몸을 감싸고 온 세상으로 퍼져 나갈 것입니다. 이 모습을 상상해 보세요. 그리고 이러한 선물을 주신 주님께 감사드립시다.

◦ 하느님께 말씀드리기

오늘 내 감정은 어떤가요? 내 마음의 소리를 가만히 잘 들어 보고, 하느님께 나 자신을 온전히 내어 맡깁시다.

....
....
....
....
....
....

영감 얻기

고통은 하느님이 내리신 징벌이라는 개념은 아무런 의미가 없습니다. 이것은 우리의 잘못을 복수로 대응하시는 잔인한 하느님의 모습을 떠올리게 하는 해괴망측한 이미지에 불과합니다. 예수님은 요한 복음서에서 소경으로 태어난 사람을 만나실 때 친히 이같은 하느님의 이미지를 배척하셨습니다. 그분의 제자들이 그분에게 "스승님, 누가 죄를 지었기에 저이가 눈먼 사람으로 태어났습니까? 저 사람입니까? 그의 부모입니까?" 하고 물었을 때, 예수님은 이렇게 대답하셨습니다. "저 사람이 죄를 지은 것도 아니고 그 부모가 죄를 지은 것도 아니다. 하느님의 일이 저 사람에게서 드러나려고 그리된 것이다." 그리고 그 사람을 고쳐 주셨습니다(요한 9,1-12 참조).
―《모든 것 안에서 하느님 발견하기》 중에서

감사 기도하기

나의 치유 과정에 함께해 주시는 주님께 감사 기도 드리는 시간을 가집시다.

....

....

....

....

아멘.

86일차

> 너희 아버지께서는 너희가 청하기도 전에
> 무엇이 필요한지 알고 계신다. (마태 6,8)

∘ 치유를 위한 기도 드리기

사랑하는 사람에 대한 기억을 간직하세요. 그에 대한 사랑으로 마음이 벅차오르던 순간을, 그 사랑으로 마음속이 뜨거워지던 순간을 다시 떠올려 보세요. 그 사랑에 감사하며 기도드립시다.

∘ 하느님께 말씀드리기

오늘 내 감정은 어떤가요? 내 마음의 소리를 가만히 잘 들어 보고, 하느님께 나 자신을 온전히 내어 맡깁시다.

영감 얻기

예수님은 우리의 몸과 마음을 치유하시며, 평온한 마음을 주십니다. 그리고 그 선물을 다른 사람들과 함께 나누고자 하는 마음까지 주십니다. "예수님이 기도하시고, 예수님이 치유하십니다." 우리가 따라야 할 이보다 더 좋은 길은 없습니다. 나의 기도에 기대했던 것과 다른 방식으로 응답을 받았던 때를 떠올려 보십시오. 그것이 바로 치유가 이루어지는 선물입니다.

―《프란치스코 교황이 초대하는 이달의 묵상: 치유》중에서

감사 기도하기

나의 치유 과정에 함께해 주시는 주님께 감사 기도 드리는 시간을 가집시다.

....
....
....
....
....
....
....

아멘.

87일차

자기 가축이 흩어진 양 떼 가운데에 있을 때,
목자가 그 가축을 보살피듯, 나도 내 양 떼를 보살피겠다.
캄캄한 구름의 날에, 흩어진 그 모든 곳에서 내 양 떼를 구해 내겠다.

(에제 34,12)

· **치유를 위한 기도 드리기**

주님께서 나의 아픈 곳을 치유해 주시는 것을 상상해 보세요. 아픈 곳이 모두 나아, 가장 건강했을 때 활기찬 내 모습을 되찾는 모습을 떠올리며 이런 순간이 오길 기도드려 봅시다.

· **하느님께 말씀드리기**

오늘 내 감정은 어떤가요? 내 마음의 소리를 가만히 잘 들어 보고, 하느님께 나 자신을 온전히 내어 맡깁시다.

Date   /   /

영감 얻기

부활하신 주님께서 우리 가운데 함께 사시며 우리의 마음을 치유하실 수 있습니다. 청하기만 한다면, 그분은 그렇게 우리를 치유해 주십니다. 비록 우리가 작고 가난하다 해도, 그분은 우리가 하느님 아버지의 연민을 체험하고 그분 사랑의 기적을 기억할 수 있게 해 주십니다.
―《그래도 희망》중에서

감사 기도하기

나의 치유 과정에 함께해 주시는 주님께 감사 기도 드리는 시간을 가집시다.

....
....
....
....
....
....
....
....

아멘.

88일차

여러분 가운데에 누구든지 지혜가 모자라면 하느님께 청하십시오.
하느님은 모든 사람에게 너그럽게 베푸시고
나무라지 않으시는 분이십니다.
그러면 받을 것입니다. 그러나 결코 의심하는 일 없이
믿음을 가지고 청해야 합니다. (야고 1,5-6)

치유를 위한 기도 드리기

치유되어 기뻐하고 주님께 감사드리는 자신의 모습을 떠올려 보세요. 그리고 그 기쁨에 잠시 잠겨 봅시다.

하느님께 말씀드리기

오늘 내 감정은 어떤가요? 내 마음의 소리를 가만히 잘 들어 보고, 하느님께 나 자신을 온전히 내어 맡깁시다.

Date   /   /

- **영감 얻기**

  네가 하는 모든 일에 하느님께서 너와 함께 계시도록 힘써 행하라. 너의 좋은 양심을 보존하라. 그러면 하느님께서 너를 보호하실 것이다. 만일 네가 침묵 속에 고통을 참을 줄 안다면 분명히 주님께서 도우실 것이다. 그분은 너를 구할 시간과 방법을 알고 계시니 그분께 너를 맡겨야 한다.
  —《준주성범》중에서

- **감사 기도하기**

  나의 치유 과정에 함께해 주시는 주님께 감사 기도 드리는 시간을 가집시다.

  ....
  ....
  ....
  ....
  ....
  ....
  ....
  ....

  아멘.

89일차

> 낮은 열두 시간이나 되지 않느냐? 사람이 낮에 걸어 다니면
> 이 세상의 빛을 보므로 어디에 걸려 넘어지지 않는다.
> 그러나 밤에 걸어 다니면 그 사람 안에 빛이 없으므로 걸려 넘어진다.
>
> (요한 11,9-10)

치유를 위한 기도 드리기

주변 사람들과 서로 축하하고 사랑의 말을 나누는 모습을 상상해 보세요. 이 말들로 자신을 격려하고 마음을 굳건히 하시기 바랍니다.

하느님께 말씀드리기

오늘 내 감정은 어떤가요? 내 마음의 소리를 가만히 잘 들어 보고, 하느님께 나 자신을 온전히 내어 맡깁시다.

영감 얻기

승전을 희망하거든, 싸움을 잘 준비하고 있어라. 싸움 없이는 인내의 영광스러운 월계관을 받지 못한다. 괴로움을 참을 마음이 없다는 것은 곧 월계관을 사양한다는 것을 의미한다. 월계관을 받고자 한다면 용맹스럽게 싸우고 참아 견뎌라. 수고 없이는 편한 곳에 도달할 수 없고, 싸움 없이는 승전할 수 없다.

―《준주성범》중에서

감사 기도하기

나의 치유 과정에 함께해 주시는 주님께 감사 기도 드리는 시간을 가집시다.

....
....
....
....
....
....
....
....

아멘.

90일차

마음속에 걱정이 거듭 쌓일 때,
당신의 위로가 내 영혼을 기쁘게 하나이다.

《시편과 아가》, 시편 94,19

∘ 치유를 위한 기도 드리기

평화와 행복을 주신 주님께 감사를 드리세요. "주님, 건강을 되찾게 해 주셔서 감사드립니다.", "저희에게 행복을 주셔서 감사합니다."라고 반복하여 기도합니다.

∘ 하느님께 말씀드리기

오늘 내 감정은 어떤가요? 내 마음의 소리를 가만히 잘 들어 보고, 하느님께 나 자신을 온전히 내어 맡깁시다.

영감 얻기

기꺼이 고통을 받아들이는 성모님의 태도는 내게 큰 울림을 주었다. 성모님은 아들의 고통과 죽음을 지켜보면서도 믿음을 잃지 않을 수 있음을 보여 주었다. 눈물로 얼룩진 성모님의 믿음이야 말로 내 고통이 극심할 때 간절히 매달리게 되는 선물이다.
— 《성모님과 암을 이겨 내기》 중에서

감사 기도하기

나의 치유 과정에 함께해 주시는 주님께 감사 기도 드리는 시간을 가집시다.

아멘.

몸과 마음이 아플 때에만
치유를 위한 기도를 드려야 하는 것은 아닙니다.
평상시에도 이러한 기도를 바칠 수 있습니다.
주님께서는 언제나 가장 좋은 것을
우리에게 주시려고 준비하고 계십니다.

항상 주님과 함께하기

- 조용한 장소에서 기도하는 자세로 눈을 감습니다. 천천히 숨을 쉬면서 자신의 호흡에 집중해 보세요.
- 온몸이 따뜻하고 기분 좋게 축 늘어지는 모습을 상상합니다. 주님께서 긴장과 불편함을 모두 없애 주심을 상상합니다.
- 주님께서 바로 곁에 계심을 떠올려 봅니다. 모든 생각을 멈추고 주님의 현존에만 집중해 봅니다.
- 주님에게서 나온 사랑의 빛이 가슴을 채우는 상상을 해 보세요. 그 빛이 온 세상을 가득 채우는 것을 상상해 보세요.
- 사랑하는 사람에 대한 기억, 그리고 사랑으로 가득 찬 기억을 떠올려 보세요. 그때 감정이 마음속에 가득 참을 느껴 보세요. 이러한 느낌 속에서 "주님, 사랑합니다."라는 말을 반복합니다.
- 주님께서 손을 뻗어 우리를 어루만지는 모습, 주님께서 안아 주시는 모습을 떠올립니다. 잠시 머릿속을 비우고 주님께서 우리에게 하시는 말씀에 집중합니다.
- 주님의 선물에 기뻐하고 주님께 감사드리는 자신의 모습을 떠올립니다. 그 기쁨에 잠시 잠겨 봅니다. 주변 사람들과 서로 축하하고 사랑의 말을 나누는 모습을 상상합니다.
- 평화와 행복을 주신 주님께 감사를 드립니다. "주님, 감사드립니다.", "저희에게 행복을 주셔서 감사합니다."라고 반복하여 기도합니다.
- 감사하는 마음에 깊이 머물렀다가 일상으로 돌아옵니다.

건강한 생활 습관을 실천해 봅시다.

체크 리스트

1	긍정적인 말은 힘을 북돋아 줍니다. ("나는 반드시 치유될 것이다." 하고 소리 내어 말하기)
2	내가 먹는 음식이 나의 몸을 만듭니다. (균형 잡힌 식단으로 식사하기)
3	사람도 광합성이 필요합니다. (햇빛을 받으며 30분 산책하기)
4	몸과 마음을 편하게 하는 시간을 가져 보세요. (따뜻한 물로 샤워하기)
5	잠은 건강과 행복에 중요한 역할을 합니다. (규직적인 수면 시간 지키기)
6	웃음은 행복으로 향하는 지름길입니다. (크게 소리 내어 웃어 보기)
7	인간은 사회적인 동물입니다. (주변 사람들과 가벼운 대화하기)

🌱 오늘 있었던 일 중 기뻤던 일을 적어 보세요.

91일차
....

92일차
....

93일차
....

94일차
....

95일차
....

91일차	92일차	93일차	94일차	95일차	96일차	97일차	98일차	99일차	100일차
☐	☐	☐	☐	☐	☐	☐	☐	☐	☐
☐	☐	☐	☐	☐	☐	☐	☐	☐	☐
☐	☐	☐	☐	☐	☐	☐	☐	☐	☐
☐	☐	☐	☐	☐	☐	☐	☐	☐	☐
☐	☐	☐	☐	☐	☐	☐	☐	☐	☐
☐	☐	☐	☐	☐	☐	☐	☐	☐	☐
☐	☐	☐	☐	☐	☐	☐	☐	☐	☐

🌱 **기록이 쌓일수록 점점 더 건강해지는 나 자신을 그려 볼 수 있습니다.**

96일차
....
97일차
....
98일차
....
99일차
....
100일차
....

91일차

예수님께서 그 여자에게 이르셨다.
"딸아, 네 믿음이 너를 구원하였다. 평안히 가거라."(루카 8,48)

○ 기쁨 맛보기

성당에서 첫영성체 받은 날을 떠올려 보세요. 그때 가족들은 어디에 있었는지, 초를 받고 그 촛불을 바라보면서 주님께 어떠한 약속을 드렸는지 기억해 보세요. 그리고 그날 나를 사랑하는 사람들이 어떤 축복을 해 주었는지도 떠올려 봅시다.

○ 하느님께 말씀드리기

오늘 내 감정은 어떤가요? 내 마음의 소리를 가만히 잘 들어 보고, 하느님께 나 자신을 온전히 내어 맡깁시다.

영감 얻기

즐거움은 인간이 느끼는 중요하고도 높은 단계의 감정입니다. 어떤 사람이 일하면서 즐거움을 느낄 때, 이 감정은 그의 손에서 그에게 더 잘 전달됩니다. 그가 산이나 들을 걸으면서도 즐거움을 느끼면, 그의 마음도 드높아집니다. 또한 즐거움은 건강에 기여합니다. 심리학자들은 인간이 즐거움을 추구하는 일이 가로막힐 때 병이 난다고 말합니다.
―《위안이 된다는 것》 중에서

감사 기도하기

나의 치유 과정에 함께해 주시는 주님께 감사 기도 드리는 시간을 가집시다.

아멘.

92일차

> 주께서 너를 구하셨으니, 고요로 돌아가라 내 영혼아.
> 죽을세라, 이 목숨을 건지셨도다.
> 울세라, 이 눈들 지키셨도다.
> 넘어질세라, 이 발을 지키셨도다. 《시편과 아가》, 시편 116,7-8

기쁨 맛보기

나를 사랑해 주는 친구를 떠올려 보세요. 그의 목소리, 그의 눈빛, 그의 손길, 그가 하는 말을 상상하며 그가 곁에 온 기쁨을 느껴 봅시다.

하느님께 말씀드리기

오늘 내 감정은 어떤가요? 내 마음의 소리를 가만히 잘 들어 보고, 하느님께 나 자신을 온전히 내어 맡깁시다.

⦁ 영감 얻기

우리 또한 바로 그 여정 안에서 새로운 희망을 품고, 미소 지을 수 있습니다. 어둠과 역경 속에서 미소 짓기란 어렵습니다. 하지만 희망은 우리를 하느님께로 인도해 주는 길을 발견하도록 미소 짓는 법을 알려 줍니다. 오직 희망만이 진정한 미소를 짓게 해 줍니다. 그것은 하느님을 만날 수 있는 희망의 미소입니다.

―《그래도 희망》 중에서

⦁ 감사 기도하기

나의 치유 과정에 함께해 주시는 주님께 감사 기도 드리는 시간을 가집시다.

....
....
....
....
....
....
....
....

아멘.

93일차

사람들은 더할 나위 없이 놀라서 말하였다.
"저분이 하신 일은 모두 훌륭하다.
귀먹은 이들은 듣게 하시고 말못하는 이들은 말하게 하시는구나."

(마르 7,37)

˚ 기쁨 맛보기

사랑하는 사람과 떠나는 자전거 여행을 상상해 보세요. 앞서거니 뒤서거니 하면서 경쟁을 하기도 하고 잠시 멈춰서 쉴 때면 가족과 나누기 어려운 비밀도 나눕니다. 어린아이처럼 웃고 떠들면서 장난도 치고, 깔깔 웃으면서 삶의 여유도 함께 느낄 수 있습니다.

˚ 하느님께 말씀드리기

오늘 내 감정은 어떤가요? 내 마음의 소리를 가만히 잘 들어 보고, 하느님께 나 자신을 온전히 내어 맡깁시다.

Date   /   /

영감 얻기

믿는 이들의 기쁨을 다시 되살리는 지름길은 감사하는 마음을 굳건히 하는 것입니다. 감사는 슬픔 한가운데 있을 때조차 우리 삶에 있는 하느님의 선물을 깨닫게 하고, 우리를 믿음의 기쁨으로 다시 인도해 줍니다. 감사는 우리 삶의 자리에 깔려 있는 기쁨을 우리에게 다시금 일깨워 주는 것이지요.
—《성자처럼 즐겨라!》 중에서

감사 기도하기

나의 치유 과정에 함께해 주시는 주님께 감사 기도 드리는 시간을 가집시다.

....
....
....
....
....
....
....
....

아멘.

94일차

> 밤낮으로 당신께 부르짖고 있사오니,
> 주는 나의 하느님, 어여삐 여기소서
> 내 마음이 당신을 향하여 있사오니,
> 주여 이 종의 영혼에게 기쁨을 주소서. 《시편과 아가》, 시편 86,3-4

기쁨 맛보기

자신이 좋아하는 음식이 차려진 것을 상상해 보세요. 상 위에는 다채로운 음식들이 차려져 있습니다. 갓 구운 빵과 따뜻하게 데운 우유도 있고, 달콤한 음료수도 있습니다. 맛깔스러운 나물 반찬과 감칠맛 나는 국물, 특별한 후식들도 준비되어 있습니다. 당신의 혀에서 살살 녹던 음식들을 떠올려 봅시다.

하느님께 말씀드리기

오늘 내 감정은 어떤가요? 내 마음의 소리를 가만히 잘 들어 보고, 하느님께 나 자신을 온전히 내어 맡깁시다.

Date   /   /

영감 얻기

행복하고 즐거운 기억들을 모으기 시작해라. 당신의 어린 시절 행복했던 일들을 돌이켜 보아라. 집에서, 학교에서 일어났던 놀라운 일들을 추억해 보아라. 당신의 친구가 친 장난이나 혹은 당신에게 일어났던 웃긴 일을 돌이켜 보아라. 누가 들려준 일화든, 재미난 사건이든, 행복한 분위기든, 당신을 웃게 하고 기분 좋게 한 경험을 모두 이 모음에 포함시켜라. 이렇게 소중한 추억의 목록을 만드는 것은 도움이 되는 일이다.

—《성자처럼 즐겨라!》중에서

감사 기도하기

나의 치유 과정에 함께해 주시는 주님께 감사 기도 드리는 시간을 가집시다.

....
....
....
....
....
....
....

아멘.

95일차

'마음을 다하고 생각을 다하고 힘을 다하여 그분을 사랑하는 것'과
'이웃을 자기 자신처럼 사랑하는 것'이
모든 번제물과 희생 제물보다 낫습니다.(마르 12,33)

기쁨 맛보기

작은 자선 공연을 관람하러 갔다고 상상해 보세요. 낮은 단 위에서 가수가 노래를 부르고 피아니스트가 이에 맞춰 반주를 합니다. 한 곡 한 곡 끝날 때마다 내가 느낄 기쁨을 상상해 봅시다.

하느님께 말씀드리기

오늘 내 감정은 어떤가요? 내 마음의 소리를 가만히 잘 들어 보고, 하느님께 나 자신을 온전히 내어 맡깁시다.

⦿ 영감 얻기

예수님의 삶은 기쁨으로 가득 차 있었습니다. 예수님이 사람들을 고쳐 주었을 때 어땠는지 생각해 보세요. 그들은 기쁨과 놀라움으로 소리쳤습니다. "이런 일은 일찍이 본 적이 없다!"(마르 2,12) 야이로의 어린 딸이 살아났을 때 야이로가 얼마나 좋아하던가요?(마르 5,35-43 참조) 발작을 일으킨 소년이 치유되었을 때 그 아버지는 또 얼마나 기뻐하던가요?(마르 9,14-29 참조)
―《성자처럼 즐겨라!》중에서

⦿ 감사 기도하기

나의 치유 과정에 함께해 주시는 주님께 감사 기도 드리는 시간을 가집시다.

....
....
....
....
....
....
....
아멘.

96일차

> 사랑하는 여러분, 여러분은 지극히 거룩한
> 믿음을 바탕으로 성장해 나아가십시오.
> 성령 안에서 기도하십시오. (유다 1,20)

◦ 기쁨 맛보기

푸른 숲 속에 있는 고요한 산책로에 머무는 시간을 상상해 보세요. 산새들의 지저귐, 바람에 흔들리는 나뭇잎을 느껴 보세요. 신성한 공기와 이름 모를 꽃향기도 맡아 보세요. 자연과 하나되는 느낌 속에서 숲이 지닌 생명력을 피부로 느껴 봅시다.

◦ 하느님께 말씀드리기

오늘 내 감정은 어떤가요? 내 마음의 소리를 가만히 잘 들어 보고, 하느님께 나 자신을 온전히 내어 맡깁시다.

Date   /   /

◦ 영감 얻기

너는 너의 모든 고통에서, 모든 질병에서, 모든 괴로움에서, 모든 슬픔에서 갑자기 들어 올려질 것이다. 그리고 보상을 받고, 사랑과 지복으로 충만해질 것이다. 너는 어떠한 고통도 받지 않을 것이고, 온갖 싫은 것도 의지의 결여도 없을 것이며, 언제나 끝없는 기쁨과 지복이 있을 것이다. 그것이 나의 뜻이고 나의 영광이다.
— 《사랑의 계시》 중에서

◦ 감사 기도하기

나의 치유 과정에 함께해 주시는 주님께 감사 기도 드리는 시간을 가집시다.

．．．

아멘.

97일차

네가 자선을 베풀 때에는 오른손이 하는 일을
왼손이 모르게 하여라. 그렇게 하여 네 자선을 숨겨 두어라.
그러면 숨은 일도 보시는 네 아버지께서 너에게 갚아 주실 것이다.

(마태 6,3-4)

기쁨 맛보기

해가 떠오르는 광경을 본다고 상상해 보세요. 차츰 밝아 오는 태양에 마음도 같이 들뜨는 것을 느껴 보세요. 너도밤나무 가지 사이로 아침 햇살이 머리를 간질이고, 햇살이 사이로 물씬 풍기는 잣나무 향기, 초원의 싱그러운 풀 냄새가 우리를 자극합니다.

하느님께 말씀드리기

오늘 내 감정은 어떤가요? 내 마음의 소리를 가만히 잘 들어 보고, 하느님께 나 자신을 온전히 내어 맡깁시다.

영감 얻기

주님은 우리의 수고를 아십니다. 주님은 우리 삶의 무게를 알고 계십니다. 더불어 주님은 위안을 주는 기쁨을 찾고자 하는 우리의 근원적인 소망도 아십니다. 그러므로 기억하세요! 예수님은 분명 '너희들은 기쁨으로 가득 찰 것'이라고 말씀하셨습니다. 예수님은 우리가 기쁨으로 가득 차기를 원하십니다.

—《뒷담화만 하지 않아도 성인이 됩니다》중에서

감사 기도하기

나의 치유 과정에 함께해 주시는 주님께 감사 기도 드리는 시간을 가집시다.

....
....
....
....
....
....
....
....

아멘.

98일차

> 그분께서는 너희의 머리카락까지 다 세어 두셨다.
> 그러니 두려워하지 마라. 너희는 수많은 참새보다 더 귀하다.
>
> (마태 10,30-31)

∘ 기쁨 맛보기

오랫동안 왕래가 없던 친한 친구에게 편지를 받은 모습을 상상해 보세요. 친구는 아직도 나를 기억하고 있습니다. 친구가 쓴 애정 어린 편지를 읽는다고 상상하며, 이러한 기쁨을 온전히 느껴 봅시다.

∘ 하느님께 말씀드리기

오늘 내 감정은 어떤가요? 내 마음의 소리를 가만히 잘 들어 보고, 하느님께 나 자신을 온전히 내어 맡깁시다.

Date   /   /

영감 얻기

언제나 기뻐하십시오. 끊임없이 기도하십시오. 모든 일에 감사하십시오. 이것이 그리스도 예수님 안에서 살아가는 여러분에게 바라시는 하느님의 뜻입니다.
— 1테살 5,16-18

감사 기도하기

나의 치유 과정에 함께해 주시는 주님께 감사 기도 드리는 시간을 가집시다.

....
....
....
....
....
....
....
....
....
....

아멘.

99일차

주 하느님이 태양이요 방패이시니
은총과 영광을 주께서 내리시고―
티 없이 걷는 이에게는 좋은 것 아니 아끼시나이다.

《시편과 아가》, 시편 84,12

기쁨 맛보기

내가 기억할 수 있는 한 기뻤던 순간들을 모두 떠올려 보세요. 지금 이 순간에도 이러한 기쁨을 느낄 수 있습니다. 그러한 추억에 깊이 빠져들 때 입가에 웃음이 가시지 않는 것처럼 말입니다.

하느님께 말씀드리기

오늘 내 감정은 어떤가요? 내 마음의 소리를 가만히 잘 들어 보고, 하느님께 나 자신을 온전히 내어 맡깁시다.

영감 얻기

"주님, 당신께서 하고자 하시면 저를 치유하실 수 있습니다. 당신께서 하고자 하시면 저를 용서하실 수 있습니다. 당신께서 하고자 하시면 저를 도우실 수 있습니다." 단순한 기도입니다. 매일 여러 번 할 수 있습니다. "주님, 저는 죄인입니다. 저를 불쌍히 여기소서." 매일 여러 번, 큰 소리 낼 필요도 없이, 마음 깊은 곳에서 기도할 수 있습니다. "주님, 당신께서 하고자 하시면 하실 수 있습니다. 하고자 하시면 하실 수 있습니다. 저를 가엾이 여기소서." 이 기도를 반복해서 하십시오.

— 프란치스코 교황

감사 기도하기

나의 치유 과정에 함께해 주시는 주님께 감사 기도 드리는 시간을 가집시다.

....
....
....
....
....
....

아멘.

100일차

> 나는 포도나무요 너희는 가지다.
> 내 안에 머무르고 나도 그 안에 머무르는 사람은
> 많은 열매를 맺는다. (요한 15,5)

◦ 기쁨 맛보기

날마다 마주치는 모든 것에 기뻐해 보세요. 기쁨으로 충만해지면 나 자신과 내적으로 일치하게 되고, 화해하게 됩니다. 이런 마음을 지니고 내게 주어진 일상을 차근차근 걸어나가 봅시다.

◦ 하느님께 말씀드리기

오늘 내 감정은 어떤가요? 내 마음의 소리를 가만히 잘 들어 보고, 하느님께 나 자신을 온전히 내어 맡깁시다.

영감 얻기

방에서 나가 마리 알베르틴 수녀를 불렀다. 그녀는 내 쪽으로 오다가 깜짝 놀랐다. 그러고는 나에게 물었다.
"도대체 어떻게 된 거예요?"
"저도 모르겠어요. 그런데 아무렇지 않아요. 아프지 않아요……."
우리는 성모상과 수녀회 창립자의 사진이 있는 방으로 갔다. 성모상과 수녀회 창립자 사진에 다가가 아이처럼 울고, 또 울었다. 기쁨과 경악, 감동과 흥분의 눈물이었다. 그러고는 그리스도인으로서, 수녀로서 기도하고, 또 기도했다. 하느님께 감사와 영광을 드렸으며, 망덕에 다시 한번 감사드렸다.

―《기적은 존재한다》중에서

감사 기도하기

나의 치유 과정에 함께해 주시는 주님께 감사 기도 드리는 시간을 가집시다.

....
....
....
....
....

아멘.

건강해지면 하고 싶은 일

순번	난이도	하고 싶은 일
1	☆☆☆☆☆	
2	☆☆☆☆☆	
3	☆☆☆☆☆	
4	☆☆☆☆☆	
5	☆☆☆☆☆	
6	☆☆☆☆☆	
7	☆☆☆☆☆	
8	☆☆☆☆☆	
9	☆☆☆☆☆	
10	☆☆☆☆☆	

5년 뒤 나에게 쓰는 편지

5년 뒤의 나에게 보내는 편지를 적어 보세요.

5년 뒤 나의 모습을 실현하기 위해서 무엇을 준비할지도 함께 생각해 봅시다.

소중한 사람들이 전해 주는 격려의 편지

소중한 사람들이 전해 주는 격려의 편지

Memo

치유 기도 노트

2023년 12월 8일 교회 인가
2024년 1월 10일 초판 1쇄 펴냄

지은이 · 가톨릭출판사 편집부
펴낸이 · 정순택
펴낸곳 · 가톨릭출판사
편집 겸 인쇄인 · 김대영
편집 · 이아람, 정주화
디자인 · 정호진
마케팅 · 안효진

본사 · 서울특별시 중구 중림로 27
등록 · 1958. 1. 16. 제2-314호
전자우편 · edit@catholicbook.kr
전화 · 1544-1886(대표 번호)
지로번호 · 3000997

ISBN 978-89-321-1883-3 03230

값 17,000원

성경 ⓒ 한국천주교중앙협의회, 2023.

이 책은 저작권법에 의해 보호를 받는 저작물이므로 무단 전재와 무단 복제를 금합니다.

가톨릭의 모든 도서와 성물을 '가톨릭출판사 인터넷쇼핑몰'에서 만나 보실 수 있습니다.
http://www.catholicbook.kr | (02)6365-1888(구입 문의)